A ESCOLINHA NO CARREADOR

Editora Appris Ltda.
1.ª Edição - Copyright© 2023 do autor
Direitos de Edição Reservados à Editora Appris Ltda.

Nenhuma parte desta obra poderá ser utilizada indevidamente, sem estar de acordo com a Lei nº 9.610/98. Se incorreções forem encontradas, serão de exclusiva responsabilidade de seus organizadores. Foi realizado o Depósito Legal na Fundação Biblioteca Nacional, de acordo com as Leis nos 10.994, de 14/12/2004, e 12.192, de 14/01/2010.

Catalogação na Fonte
Elaborado por: Josefina A. S. Guedes
Bibliotecária CRB 9/870

S676e
2023
	Soares, Chico Striquer
	    A escolinha no carreador / Chico Striquer Soares. – 1. ed. – Curitiba : Appris, 2023.
	       210 p. ; 23. cm.
	
	    ISBN 978-65-250-4559-7
	
	    1. Ficção brasileira. 2. Escolas rurais. 3. Famílias rurais. I. Título.
	
	                                                                                                                         CDD – B869.3

Appris
editora

Editora e Livraria Appris Ltda.
Av. Manoel Ribas, 2265 – Mercês
Curitiba/PR – CEP: 80810-002
Tel. (41) 3156 - 4731
www.editoraappris.com.br

Printed in Brazil
Impresso no Brasil

Chico Striquer Soares

A ESCOLINHA NO CARREADOR

FICHA TÉCNICA

EDITORIAL	Augusto Vidal de Andrade Coelho
	Sara C. de Andrade Coelho
COMITÊ EDITORIAL	Marli Caetano
	Andréa Barbosa Gouveia (UFPR)
	Jacques de Lima Ferreira (UP)
	Marilda Aparecida Behrens (PUCPR)
	Ana El Achkar (UNIVERSO/RJ)
	Conrado Moreira Mendes (PUC-MG)
	Eliete Correia dos Santos (UEPB)
	Fabiano Santos (UERJ/IESP)
	Francinete Fernandes de Sousa (UEPB)
	Francisco Carlos Duarte (PUCPR)
	Francisco de Assis (Fiam-Faam, SP, Brasil)
	Juliana Reichert Assunção Tonelli (UEL)
	Maria Aparecida Barbosa (USP)
	Maria Helena Zamora (PUC-Rio)
	Maria Margarida de Andrade (Umack)
	Roque Ismael da Costa Güllich (UFFS)
	Toni Reis (UFPR)
	Valdomiro de Oliveira (UFPR)
	Valério Brusamolin (IFPR)
SUPERVISOR DA PRODUÇÃO	Renata Cristina Lopes Miccelli
ASSESSORIA EDITORIAL	Priscila Oliveira da Luz
REVISÃO	Cristiana Leal
PRODUÇÃO EDITORIAL	Bruna Holmen
DIAGRAMAÇÃO	Renata C. L. Miccelli
CAPA	Sheila Alves
REVISÃO DE PROVA	William Rodrigues

Dedico estas reflexões sobre a importância da educação para a pessoa humana a todos os professores que, neste país chamado Brasil, têm sofrido violência física e moral, até mesmo perdido a vida, em função do e no exercício de sua profissão.

AGRADECIMENTOS

Parte dos eventos relatados neste livro foram contados em entrevistas feitas por mim, autor, com minha mãe, Jaracy Striquer Soares, e com dois de seus irmãos, antes de falecerem, Arnaldo Striquer e Albino Striquer. Suas lembranças foram significativas para formar o arcabouço de sustentação e orientação da história. Lúcia Facco me sugeriu a redução de um texto mais abrangente para este, com tema mais específico. Ao longo de todo o trabalho, tive o apoio e a paciência de minha esposa, Rosa Ferreira de Lima Soares. Deixo aqui meus agradecimentos a todos.

SUMÁRIO

PARTE I
POR QUE A ESCOLINHA?... 11

PARTE II
QUANTO CUSTA A ESCOLINHA?... 41

PARTE III
PARA QUE SERVE A ESCOLINHA?... 79

PARTE IV
COMO TER A ESCOLINHA?... 97

PARTE V
É POSSÍVEL SUPERAR A ESCOLINHA?................................... 149

PARTE VI
O FUTURO PERTENCE À EDUCAÇÃO DO PRESENTE................ 203

PARTE I

POR QUE A ESCOLINHA?

1.

Depois de falar com o marido Domício sobre o que poderia fazer para ajudar na instalação da escolinha na fazenda, Bianca decidiu visitar casa por casa da Colônia dos Técnicos e falar com as mulheres sobre a matrícula de seus filhos. Assim que batia à porta, era convidada pelas residentes a entrar e se sentar, o tradicional cafezinho, acompanhado de alguma bolacha caseira, afinal era a esposa do administrador da fazenda que estava ali. Porém, Bianca declinava da oferta, falando sobre as diversas casas que ainda pretendia visitar e que, por isso, não poderia demorar-se em cada residência para poder conseguir passar por todas. Além disso, acabaria comendo demais, mesmo que só tomasse um pequeno café em cada uma, e isso não faria bem para sua saúde. Ela dizia ter tendência a engordar, por isso precisava controlar o que comia. Assim, cortesmente, procurava uma oportunidade para expor a proposta que a trazia ali.

— Estou visitando todas as casas da Colônia dos Técnicos para conversar com as famílias sobre a matrícula das crianças na escolinha. — disse Bianca para a mulher que a recebia. — A senhora tem filhos em idade para aprender a ler e escrever?

— Bem, eu não sei. — Essa era uma das respostas que as mães mais apresentavam, acompanhada da pergunta: — Qual a idade eles têm que ter?

— Sete anos ou mais. Pode ser até com seis anos. — Respondeu Bianca.

— Mas como a gente pode saber?

— Depende muito dos pais e do comportamento da criança. O meu filho, já no ano passado, quando tinha seis anos, começou a se afastar de casa em suas brincadeiras. Eu via que ele procurava conviver com outras crianças de sua idade, começava a fazer amigos. Não era mais o caso dele ficar preso em casa. Eu achei então que era a hora dele começar a ir para a escola, onde vai criar amigos, sob a orientação de um professor.

— Eu tenho dois meninos, um com seis, outro com sete anos. Os dois não param em casa.

— Os dois podem ser matriculados, vai ter vaga para trinta crianças. Posso pôr os nomes deles na lista?

— Eu vou conversar com meu marido primeiro.

A resposta que ela mais ouviu das mulheres, depois de trocarem informações, era que conversariam com o marido.

Bianca concordava que era uma decisão para o casal tomar conjuntamente. No entanto, ela sabia que era uma desculpa. A notícia da escolinha já percorrera a fazenda, e todos já deviam ter conversado sobre a matrícula ou não de seus filhos. Mesmo que a mulher fosse totalmente favorável ao estudo dos filhos, que o casal já tivesse tido muita discussão sobre o assunto, que ela o tenha convencido sobre a importância da educação das crianças, talvez até o tenha feito mudar de ideia, a palavra final e a comunicação para os outros, para quem quer que fosse, parentes, superiores ou estranhos, devia ser dele, como sendo uma decisão dele, o homem da casa. Ali, naquelas visitas, se tornava difícil para a mulher apresentar sua opinião, independentemente de ser contrária ou não à do marido.

— Não tem problema eu colocar os nomes, depois posso retirar, se seu marido não concordar. É só para garantir a vaga. Depois a senhora me avisa, e a gente retira ou mantém os nomes.

— Eu acho melhor não. Amanhã ele procura o seu Osvaldo no escritório para dar uma resposta. — Osvaldo era o guarda-livros da fazenda.

Assim a mulher deixou bem claro que quem tomava as decisões na casa era o marido, independentemente de como ambos chegaram à posição final.

— A gente tem só um menino que tem oito anos. — Foi a resposta de outra mulher.

— E a menina que está trabalhando na cozinha, que idade ela tem? — perguntou Bianca, vendo uma criança que varria a casa e que devia ter mais de seis anos.

— Ah, é minha filha mais velha. Ela tem nove anos.

— Ela já sabe ler e escrever? — retornou Bianca.

— Não, ninguém aqui em casa sabe. — respondeu a mulher com um certo constrangimento.

— Ela também pode ser matriculada. Com essa idade, ela pode aprender muito.

— Mas mulher não precisa aprender essas coisas.

— E por que não? Só porque é menina não pode estudar? Todo mundo precisa saber ler, escrever e fazer conta. — disse Bianca de forma incisiva.

— Não sei não. Os homens não gostam de ver as mulheres estudando.

— E se um dia, depois que ela se casar, o marido dela faltar, morrer, por exemplo, deixando ela com filhos, sozinha na vida. Saber ler e escrever não vai ser importante para ela? Tem que aprender sim.

Nesses casos as mulheres demonstravam uma certa insegurança nas respostas ou até um certo medo de confrontarem os maridos.

Bianca não tinha dúvidas de que as meninas deviam estudar. No entanto, sabia muito bem que não era esse o entendimento das pessoas em geral, incluindo muitas mães. Na quase totalidade, as mulheres pensavam que eram feitas só para cuidar da casa e do marido, gerar filhos, cuidar das crianças e ajudar na roça, acompanhando a família, para aumentar o orçamento. Todas as decisões em relação à família eram tomadas pelo marido, e elas eram submissas a essas decisões.

— Eu tenho que conversar com meu marido.

— Mas as meninas também devem estudar, foi o professor que me falou. Minha filha Augusta está com quatro anos, é muito nova, mas, quando ela fizer seis anos, vou pôr ela para estudar. Até já conversei sobre isso com o Domício, que concordou.

— As meninas são as que mais ajudam na casa. — disse uma mãe que fazia parte de um terceiro grupo de mulheres. Era uma colocação muito comum e importante a ajuda dos filhos nos serviços domésticos. — Eu tenho oito filhos, uma escadinha, a senhora já viu. Se a mais velha não fosse menina, eu não sei como faria para cuidar dos nenéns que tenho hoje. Ela me ajuda muito.

No início, elas até demonstravam interesse em oferecer estudos aos filhos, ao valorizarem o trabalho e a dedicação deles para com a família.

— Uma criança que ajuda em casa, que mostra interesse no trabalho, também vai ter dedicação nos estudos. Deverá ser uma boa aluna. — incentivava Bianca.

— E como eu vou fazer se ela não puder mais me ajudar em casa?

— A escolinha vai ser só três horas por dia, de manhã. Como é um horário fixo, é fácil a senhora planejar os serviços, sem atrapalhar em casa.

— Não é só isso, quem vai levar o almoço para meu marido e meus filhos trabalhando na roça?

— A senhora pode preparar a comida para eles levarem de manhã, quando vão para o trabalho. Lá eles esquentam com um fogo no chão.

— Eu falo que meu menino não ajuda em casa, mas toda vez que a gente precisa de alguma coisa da venda, quando acaba a farinha, por exemplo, é ele que vai, correndo, buscar na venda da fazenda.

— Eu concordo com a senhora que as crianças ajudam muito na casa. Isso é importante porque elas estão aprendendo a trabalhar com os pais, mas nós, os pais, temos que nos sacrificar um pouco para oferecer um futuro melhor para nossos filhos.

— Mas a gente já abre mão de tanta coisa para poder manter o emprego na fazenda, para poder ter em casa o mínimo necessário para o sustento da família.

— O estudo dos filhos depende muito de como a gente se acerta em casa. Quando a gente decide ter filhos, já deve pensar sobre o futuro deles. A gente não pode pensar em fazer filho só para pôr no mundo, tem que pensar como fazer para eles viverem melhor.

— A gente mal pode pensar na vida.

— Eu não discordo, mas a senhora tem que ver que, se a gente dá condição de estudo para eles, a vida deles vai ser melhor. Poderão até nos dar um futuro quando chegarmos à velhice.

Depois de algumas visitas, Bianca começou a pensar que poderia estar interferindo na harmonia das famílias, principalmente aquelas em que as mulheres tinham necessidade de conversar com seus maridos sobre a matrícula ou não dos filhos. Até que ponto seu trabalho poderia ser interpretado como danoso para o relacionamento familiar? Poderia gerar alguma desavença para o casal? Analisou se deveria continuar ou não. Seu objetivo era o bem das crianças, que ainda tinham toda a vida pela frente. Já os casais, se não aceitassem sua visita, estavam destruindo o futuro dos próprios filhos.

Os casos mais graves se davam nas casas em que ela encontrava os maridos com algum afazer por perto, onde podiam ver o que acontecia na residência. No início Bianca se perguntava por que ele não tinha ido trabalhar, porém, apesar de intrigada, aquilo não era de todo anormal, afinal era a residência daqueles cidadãos. Mas, no decorrer da conversa, ela percebia que eles não estavam ficando ali para a atividade que simulavam fazer, então tinha a resposta.

— Ah, dona Bianca, eu não tinha pensado em colocar minhas filhas para estudar, mulher não precisa disso. — falava a mulher, olhando para o lado onde estava o marido, independentemente de ele estar ou não à vista. Elas demonstravam claro nervosismo com o que diziam. Aceitavam a visita provavelmente por ser a esposa do administrador, mas permaneciam o tempo todo tentando desviar o assunto, para fugir de qualquer compromisso. Já tinham conversado, e os maridos eram categoricamente contra.

Para muitas, os filhos pareciam ser um peso que deviam carregar, que não tinham nada a ver com suas vidas, que deviam servir aos pais enquanto estivessem por perto, que cada um devia seguir seu próprio caminho, enfim, que os pais só tinham a responsabilidade de gerar os filhos e entregá-los a Deus.

Poucas foram as que se mostravam empolgadas com a possibilidade dos estudos dos filhos.

— Eu fiquei muito contente e esperançosa quando meu marido falou da escolinha aqui na fazenda. — Essa era uma opinião pouco ouvida por Bianca, mas que, mesmo assim, justificava o esforço que fazia. — Nós até já tínhamos conversado sobre como pôr nosso filho na escola, mas na cidade. Eu não queria. É duro a gente ficar longe de nosso bacorinho. O que estávamos pensando era mandar ele ficar na casa de uma prima em Ourinhos, para ele estudar em algum colégio por lá.

— A escolinha aqui vai fazer com que a gente não precise se separar de nossos filhos.

— Ah, eu não queria isso não. Só se não tiver a escolinha aqui, então ele vai para Ourinhos. Essa escola tem que funcionar, será uma benção de Deus.

— A senhora pensa como eu, o estudo dos filhos é, no momento, a coisa mais importante que podemos oferecer para eles, para que tenham um futuro melhor.

— Ter a escolinha aqui vai evitar que a gente se separe deles, né. Confiar o filho para outros cuidar, longe da nossa vista, não é certo.

Ao final de cada dia, Bianca voltava para casa cansada, mas não desanimada. No dia seguinte, ela voltava, com o mesmo ânimo, para uma nova sequência de casas.

De pouco em pouco, ela foi aumentando sua lista. No primeiro dia, não conseguiu inscrever um nome sequer, o que só ocorreu no terceiro dia. No quinto dia, começou a revisitar as mulheres que tinham prometido dar uma resposta após conversar com os maridos. Em sua maratona, bateu nas portas de casas vazias, pois todos tinham ido para a roça. Como geralmente as famílias eram muito grandes, isto era difícil de acontecer; sempre tinha alguém por perto. Só acontecia de toda a mão de obra ir para o trabalho na época da colheita do café. Então, para terminar a conversa que tinha iniciado com elas, passou a circular pelos ambientes que elas frequentavam, a venda e o moinho de fubá, por exemplo.

A percepção que tivera, de que a escolinha seria de qualidade com o professor designado pelo Estado que ela recebera em sua casa, quando Domício o levou para almoçar, deixou Bianca empolgada e, enquanto sua lista não ultrapassou vinte crianças, ela não descansou daquilo que parecia uma via-sacra, um trabalho em favor da escolinha.

2.

Domício, naquele sábado à tarde, seguiu o caminho de sempre, foi à venda encontrar os conhecidos e jogar conversa fora para descontrair das atividades do dia a dia da fazenda. Ao chegar, cumprimentou todos que encontrou e se aproximou de um grupo, cada um com sua bebida preferida. A conversa não aparentava ser engraçada.

— Eu tô ouvindo falar sobre esta escolinha que vai começar a funcionar aqui na fazenda, seu Domício. É verdade? — perguntou o farmacêutico, que viera de Ourinhos, dar assistência à doença de um cavalo.

— Sim, é verdade. — respondeu Domício. — Conseguimos do Estado a indicação de um professor aqui para a fazenda.

— Vai começar já este ano? — tornou a perguntar o farmacêutico.

— No mês que vem, já em março. — respondeu Domício com certo ânimo. Neste momento ele tinha a impressão de que o grupo o apoiaria em sua iniciativa da escolinha. Afinal, instalar uma escola na fazenda tinha um significado importante, não só era bom para a população, mas também era um indicativo de força política para a região.

— Eu ouvi dizer que, como seu filho está na idade de começar a estudar, é sua esposa que está querendo instalar a escolinha aqui na fazenda.

Pela colocação do farmacêutico, Domício percebeu que a conversa não seria tão amigável quanto esperava e que não seria parabenizado pela iniciativa. O farmacêutico já atendia aos problemas da fazenda antes de Domício ser administrador, fora uma indicação do proprietário da fazenda e tinha muita amizade com o guarda-livros. Essa segurança de trabalho o permitia fazer a pergunta da forma que fez: praticamente acusando o administrador de interesses pessoais e colocando em xeque a sua autoridade em família.

— Meu filho já se encontra em idade escolar sim, e foi minha esposa, que está sempre atenta ao crescimento e desenvolvimento do menino, que me alertou. Ele está cada vez mais solto, correndo de um lado para o outro pela fazenda. A gente já não tem como mantê-lo dentro de casa. Ele quer conhecer o mundo, e eu tenho certeza de que para isso o melhor que temos é dar a ele condições de estudo. E não vai ser só para ele, vai ter vaga para os filhos de todo mundo aqui.

— Todo mundo? Os filhos dos colonos também? — perguntou o fiscal da seção Santa Luzia.

— Primeiro nós vamos matricular as crianças dos técnicos, do pessoal aqui da colônia e dos fiscais de seção. Depois, se sobrar vagas, vamos incluir os filhos dos colonos.

O grupo pareceu pensar. Provavelmente estavam tentando contar quantas crianças em idade escolar estavam vivendo na colônia dos técnicos e, consequentemente, quantos dentre os colonos iriam para a escola.

— Eu acho que vai ser umas quinze crianças aqui da nossa colônia. — disse o ferreiro, um filho de italianos, nascido no interior de São Paulo.

— E uns dez ou quinze vão ser filhos dos colonos. — completou o fiscal de seção.

— Eu não fiz esses cálculos, mas penso que vai ser mais ou menos isso. — falou Domício.

— E quem vai substituir essas crianças no trabalho no cafezal? — perguntou com ênfase o fiscal. — Quinze crianças equivalem ao trabalho de no mínimo seis enxadas, uma família inteira que deixa o cafezal, são no mínimo seis mil pés de café que ficam descobertos. Quem vai substitui-las? Eu é que não vou estimular os colonos a enviar os filhos para a escolinha.

— Você está se referindo ao trabalho do dia a dia, que é muito importante para a fazenda. — acrescentou outro fiscal.

— A gente não pode esquecer o quanto essas crianças são importantes para as famílias no período da colheita. — voltou a falar o primeiro fiscal. — A colheita na barra da saia da planta são elas que fazem. Uma criança bem treinada, de nove ou dez anos, colhe quase tanto quanto um adulto; é uma grande renda para a família.

— E o proprietário, o dr. Expedito, ele não vai gostar. — argumentou o segundo fiscal. — Você já falou com ele? Pra ele, essa mão de obra é muito importante.

— Sim. — respondeu Domício. — Não esqueça que esse trabalhador não consta no contrato, não está relacionado como mais uma mão de obra no grupo familiar. Se os pais não quiserem levar o filho para a roça, estão protegidos pelos termos do contrato.

— Você não respondeu à pergunta. — Foi incisivo o farmacêutico, que, não sendo da fazenda, tinha mais liberdade para pressionar o administrador.

— Já conversei, e em uma conversa bastante longa. No início, ele não foi totalmente de acordo, mas depois me deu carta branca, desde que não prejudicasse o funcionamento da fazenda, que não caísse a produção.

— É a própria família que quer isso, que põe a criança para trabalhar. — voltou a falar o primeiro fiscal. — Eles sabem que é um aumento de produção e que, ao final do ano, é um aumento no que recebem.

— Para o fazendeiro, o que importa é a renda, o lucro que a fazenda dá. — falou Domício. — Se a gente aqui faz a fazenda dar lucro, ele fica satisfeito e aceita o que a gente propuser.

— É, eu não vejo assim, que eles só se contentam com isso. Se só o lucro os satisfizesse, eles não mandavam embora funcionário que tem filho estudando na cidade.

— Como assim? O que você está dizendo?

— Uai, sei lá, eu só ouvi dizer, estou repetindo o que ouvi. Quando trabalhava lá em São Paulo, na Sorocabana, um colono foi mandado embora. Depois correu a notícia que foi porque ele mandava dinheiro para o filho, que estava estudando na cidade grande. O dono do armazém que tinha denunciado. Pouco depois o capataz reuniu todo mundo da colônia para dizer que estava ocorrendo um mal-entendido. Que a família que tinha pedido para sair, para ir morar com o filho em Sorocaba. Que a fazenda não tinha nada a ver com a demissão deles.

— Mas eles tinham pedido demissão mesmo?

— Não sei não. À boca pequena, diziam que o capataz falou que a fazenda não tinha que ficar sustentando criança que queria estudar.

— Mas era a fazenda que pagava para a criança estudar?

— Não, era a família. Uma família grande e trabalhadora que só vendo. O capataz que quis justificar. Ainda diziam que a fazenda mandava embora pra não servir de exemplo pros outros colonos. A gente tem que ficar quieto senão perde o emprego. O patrão faz o que bem entende, ele é que tem o poder, e a gente é um nada. Mas era um menino inteligente que só vendo. Dava até satisfação de ver ele, ainda criança, cuidando dos animais. Com doze anos, cuidava até de animal do patrão. Se o bicho tinha alguma doença, já chamavam ele. Um dia que cuidava da bicheira de um cavalo da fazenda, o patrão falou "Olha só, parece até um doutor". A família ficou toda ouriçada e pôs na cabeça que o filho ia ser doutor.

— Então não foi só para dar o exemplo que a fazenda mandou a família embora, queriam ele cuidando dos animais de graça.

— É, eu não sei. Também não sei o que aconteceu com eles. Depois que a gente perde um emprego, fica falado, a notícia corre. Ficam dizendo que quer se revoltar contra o patrão, contra os políticos.

Domício, como administrador, tinha conhecimento de que esses casos aconteciam. Porém, devido à sua longa experiência como tal, sabia o quanto de prejuízo as crianças davam para a fazenda, ao serem colocadas para trabalhar tão cedo.

— Mas voltando ao trabalho das crianças no carreador. — Domício procurava retornar a conversa sobre os problemas que o trabalho das crianças no cafezal trazia para a administração. — As crianças podem até trazer lucro para suas famílias, ao começarem a trabalhar tão cedo, mas também trazem prejuízo. No mês passado foram duas que machucaram o pé com a enxada e uma com um facão. Nos três casos, estavam com a família no trabalho. Em cada caso, um adulto teve que acompanhar a criança até Ourinhos, para fazer curativos. Depois têm que ficar em casa de repouso, e a mãe tem que ficar em cima para os devidos cuidados e não deixar a criança sair para as brincadeiras e atrapalhar a recuperação. Se ela representa um terço da produção de um adulto, tira um adulto inteiro da produção quando acontecem os acidentes.

— Mas esse número é muito pequeno diante da quantidade de trabalhador que a fazenda tem. — argumentou o farmacêutico.

— E as crianças que pegam doença sem ser por causa do trabalho. Ficam rodando pela fazenda, soltas como animais na mata. São picadas por cobras e aranhas, pegam maleita, cobreiro e outras doenças. Quando elas se machucam ou ficam doentes, é a fazenda que tem que pôr dinheiro para a recuperação, e não é pouco. Como não são obrigadas a trabalhar, tem muito mais crianças soltas pelas matas e rios do que no cafezal.

— Não é toda criança que está nessa situação, machucada ou doente e parada em casa. Se for pesar na balança, elas são muito mais produtivas.

— Todo mundo só vê o que acontece no trabalho, mas eu, na administração, sei o que acontece com as crianças soltas. E a fazenda tem que ter condições de atender quando elas se machucam ou ficam doentes, e tem que ser rápido para que o adulto volte logo para o trabalho. Quantas vezes já tivemos problemas de crianças que se perderam, e a fazenda inteira foi colocada para procurar. Casos em que ficam perdidas três a quatro dias, algumas até são encontradas mortas. Casos em que até fazendas próximas são mobilizadas, a polícia, a cidade, toda uma região é mobilizada. Qual é o prejuízo que isso traz? Basta um caso desse acontecer para o prejuízo se estender para uma ou até duas semanas de toda uma região. Por isso que digo que elas, soltas, dão mais prejuízo do que lucro, não só para a fazenda, mas também para as famílias e para toda a região. Já não aconteceu de vocês terem que parar o trabalho para ir atrás de criança perdida?

— Mas nesse caso é só proibir elas de rodarem as matas e os rios, limitar a circulação delas pela fazenda.

— Caçar e pescar é uma fonte de alimento para a família, não tem como proibir, principalmente se fazem fora da hora de trabalho. E limitar as crianças, impedindo de circularem pela fazenda? Como? Ninguém vai conseguir impedir isso, nem com guardas.

— A culpa é dos pais. Eles não se preocupam em educar os filhos. Pensam que é só pôr a criança no mundo e pronto, cada um que se vire.

— Eles têm que trabalhar ou educar? — voltou a falar Domício — As crianças dão prejuízo também quando estão trabalhando. No primeiro momento, os pais têm que força-las a sair da cama e pegar o carreador antes do sol nascer. Na roça, tem que ensinar todo o trabalho, capinar, plantar as sementes, colher o café, fazer e desfazer as coroas. Quer dizer, quantas horas os pais têm que ficar em cima para elas aprenderem direitinho o serviço? E se faz malfeito? E se tem dificuldade de aprender? O pai tem que ficar o tempo todo em cima, até ele ficar adulto. A fazenda perde quantas horas do contrato desse cidadão?

— Muitos colonos não ensinam os filhos. Levam eles para a roça e deixam que aprendam olhando os outros, sozinhos.

— É quando acontecem os acidentes. — disse Domício, sentindo que era hora de apresentar o valor da escola. — Uma escola vai evitar isso. Não é mais barato pôr um professor para ensinar essas crianças? Além de aprender a ler e escrever, elas vão aprender mais facilmente o trabalho da roça. Um só professor vai trabalhar com trinta crianças, que na roça precisariam de trinta pais para ensinar.

— Se eles não se preocupam em ensinar em casa, não vão se preocupar com o filho na escola. Nem vão encaminhar o filho para a escola.

— A fazenda tem que ver as crianças como as famílias devem ver, elas existem, elas estão aí e são responsabilidade de todos. — Domício sentiu que seus interlocutores não estavam gostando de suas colocações, mas continuou. — Se for o caso, forçar os pais a enviar os filhos para a escola.

Todos se entreolham como quem se sente derrotado, mas não levado à lona. Perceberam que seus argumentos não convenceram Domício. Não tinham como apresentar o real motivo de serem contra a instalação da escola na fazenda. Domício sabia disso, porque tinha nascido e se criado nos cafezais, quando seus pais eram colonos em Pirassununga. Já administrava fazendas há mais de oito anos; a Santo Expedito não era a primeira. Como bom observador, conhecia muito bem os interesses dos diferentes estratos das populações: os patrões, os técnicos e os colonos. Já tinha acumulado experiência suficiente para lidar com essa gente.

— A educação de uma criança é que nem domar um potro. — Domício tinha satisfação muito grande em expor suas ideias com exemplos, à semelhança de parábolas. Como sempre viveu no meio rural, dali tirava suas histórias. — Quando ele nasce, fica por perto da mãe, faminto, querendo mamar e, se não conseguir, a gente tem que ajudar. Tem gente que diz que esse leite é o mais importante de todos, o colostro. Depois, nos primeiros dias, fica só rondando a mãe, buscando os cuidados dela, tem que ser mantido perto. Ele ainda não sabe pastar, e é na mãe que tem o único alimento que sabe consumir. É também com a mãe que começa suas brincadeiras. Começa a morder a cauda, a orelha, sem machucá-la. Conforme a fome aumenta, ele começa a se afastar da mãe, aprendendo a pastar, já não permanece tanto tempo junto. Se tiver outros potros por perto, deixam de brincar com a mãe e vão se encontrar. Primeiro ficam se olhando, se reconhecendo. Depois começam a se empurrar um ao outro, a dar aqueles coices que não se acertam, são as brincadeiras deles, é a escola deles. Para aprenderem a viver, têm que aprender a viver juntos. Tem fazenda que faz potreiro só para os potrinhos, para manter eles juntos e aprenderem a conviver.

3.

A uma pequena distância dos técnicos, um colono numa roda de amigos, que discutia acalorado algum assunto, não prestava atenção à discussão, se mantinha distante. Tão alheio estava de seu círculo que, a certo momento, se moveu para próximo do administrador, manteve-se atento à conversa que ali se desenrolava e, quando apareceu um intervalo entre uma fala e outra, sentiu que era a oportunidade de se manifestar. Com tato, ele entrou na conversa, para dar seu apoio às intenções do administrador de instalar a escolinha na fazenda.

— Seu Domício, eu vou ficar muito contente se puder matricular meus netos nessa escola. — disse entrando na conversa.

Enquanto ouvia a conversa entre o administrador e os técnicos, o colono manteve-se um pouco distante, pensando em sua história. Nascido na Itália, viera para o Brasil ainda criança, com seus pais, já tendo sua alfabetização bem adiantada antes da viagem. A perspectiva de riqueza que a emigração oferecia para quem viesse para as Américas fez com que largassem tudo em sua terra natal. As jovens nações ofereciam condições de ganhos rápidos, que, em poucos anos, permitiriam voltar para sua pátria em situação econômica segura e oferecer à família condições melhores. Em menos tempo que o pretendido para alcançar a riqueza sonhada, sentiram a frustração que a imigração lhes proporcionou; o sonho desmanchou-se no ar, quando acordaram para a realidade da vida nas fazendas de café.

A ilusão do retorno para seu chão se converteu em raízes fincadas na nova terra, que, ao longo da própria história, os fez assumir como sua nova pátria. Aqui ele cresceu, casou-se, teve filhos e agora os netos; seus pais aqui faleceram e aqui estão enterrados; raízes que se aprofundam no solo em novas bifurcações, se distanciam da superfície, dificultando a visualização do passado e que só a circulação da seiva vai concretizar o conjunto da árvore vital.

Seus pais se dedicaram, com todos os esforços possíveis, à alfabetização dos filhos. Traziam na bagagem a seiva que irrigou as gerações passadas, que alimentou os afazeres do dia a dia, aperfeiçoou o conhecimento e permitiu a capacitação e a formação das profissões, que sustentaram as famílias.

Sua geração não teve as condições necessárias para aperfeiçoar a educação em escolas, que eram raras nas fazendas e inexistentes para os colonos. Em muitos casos, como aconteceu em sua casa, os próprios pais, valorizando o aprendizado da leitura e da escrita, contratavam um professor para ensinar os filhos. Porém, a maioria das famílias não tinha recursos, então eram os próprios pais, com o uso de jornais e revistas, que ensinavam o pouco que conheciam. No entanto, ele e seus irmãos tinham tanto interesse quanto os pais em ganhar dinheiro e voltar, fazendo o caminho inverso da emigração. Alguns até brigavam com os pais e abandonavam os estudos.

Depois, consciente de seu erro, vendo que o retorno à Itália se tornava cada vez mais impossível, ele tentou convencer seus filhos a estudar nas escolas próximas onde moravam, mas foram barrados pelos patrões, o que o obrigou a ensiná-los a ler em casa, no início das noites, entre um dia e outro de labuta. Seus filhos se dedicavam menos ainda ao aprendizado, dizendo que, para o que tinham pela frente naquela vida, pouco importava saber ler ou escrever.

O velho italiano sentia que as raízes não estavam recebendo a seiva elaborada com a energia solar. Na sociedade humana, acontece o que na natureza é uma aberração. A planta não desperdiça os sais nutritivos e a água; absorvidos por suas raízes bem distribuídas no solo, se ligam a seus ramos, servindo o necessário para a síntese orgânica com a radiação solar e o ar que respira. Já a copa da sociedade humana se nega a receber a experiência, a tradição e o conhecimento de seus ancestrais enterrados na história, como as raízes no solo. A ânsia de uma cegueira com visão exclusiva da copa não permite que o aprendizado da evolução biológica ascenda aos ramos; a ciência e a técnica são mal utilizadas, desestruturam a sociedade como os ramos definham, levando ao apodrecimento das raízes e ao esquecimento das gerações passadas.

Ele via que não era só a desvalorização dos estudos que aumentava a cada geração, também perdiam o interesse pela própria história, pareciam não se importar se eram italianos ou brasileiros.

Não se preocupavam com as notícias, com o que estava acontecendo, não só na Itália, mas também na Europa inteira e até mesmo no Brasil. Não sabendo ler, as informações que tinham eram obtidas nas conversas de botequim, que, por sua vez, vinham das notícias ouvidas no rádio, em que predominavam os problemas locais; fora isso, eram poucas, incompletas e truncadas. Ou seja, todo o conhecimento de mundo que uma população analfabeta tinha era restrita ao espaço de rua ou embasada nos interesses dos proprietários das transmissoras. Saber ler não necessariamente expandia esses horizontes, uma vez que também se prendia à opinião dos proprietários de jornal. No entanto, tendo a reportagem à mão, tinham oportunidade de ler, reler, analisar e pensar, podendo chegar a uma visão alternativa à da reportagem. Além disso, todo bom jornal tem textos com opiniões diferentes à do proprietário, o que amplia a visão que o leitor pode ter.

Não mantinham uma conversa, quando o assunto saía dos carreadores ou se não fosse casamento. Não tinham capacidade de diálogo, muito menos de argumentar em uma negociação e com raciocínio. Por mais que fossem dedicados trabalhadores, e até ganhassem algum dinheiro a mais por essa dedicação, não conseguiam planejar uma organização familiar para melhorar a vida dos seus. A tendência era permanecerem como colonos, eles e as gerações futuras. Absorviam água e sais minerais em quantidade, se intumesciam e viam nisso um crescimento, entre os seus e em meio à colônia em que viviam. Como fazê-los buscar o sol e o ar, e depois sentirem a seiva, dar a toda a árvore um crescimento homogêneo?

Agora ele via uma oportunidade de batalhar para que seus netos estudassem, uma vez que os primeiros chegavam à idade ideal. Como seria o interesse deles para com os estudos?

— Peraí, a escola será preferencialmente para filhos dos técnicos. — cortou rápido o farmacêutico.

— Eu já tive colono da minha seção querendo matricular seus filhos. — atalhou o fiscal. — Quem se manifestou primeiro deve ter preferência.

— Eu não vejo razão para os filhos dos colonos estudarem. — argumentou o farmacêutico. — Acabam sempre trabalhando na roça, nem mesmo o estudo vai tirar essa gente dos carreadores de café.

— Quando chegamos no Brasil, meu pai foi indicado como fiscal de seção justo por ter estudos. — começou o colono a contar a história de sua família para justificar seu desejo que os netos estudassem. — Meu irmão e eu, que já tínhamos começado nossos estudos na Itália, fomos proibidos de estudar para trabalharmos na roça. O mesmo aconteceu com meus filhos. Antes mesmo de aprenderem a caminhar fora de casa, já tiveram que carregar enxada para o carreador. Enxada que era maior que gente grande, pesava naqueles pequenos ombros, às vezes tinham que arrastar, deixando mais um rastro na terra de sua pequenez; dava dó, cortava o coração de qualquer pai. Eles cresceram, graças a Deus, somos uma família que não nega trabalho e sabemos economizar. Talvez, em breve, teremos condições de comprar um pedaço de terra. Essa perspectiva tem alimentado o sonho de meus filhos e, com isso, eles descuidaram da educação dos próprios filhos, uma vez que, trabalhando com os mais velhos, aumentam as reservas para a compra de um sítio. Eu já penso diferente. Primeiro, que quero o melhor para a minha família; isso é um fato. E a educação vai melhorar o relacionamento deles com os outros, a entender melhor a vida e a cuidar das próprias coisas, como de um sítio. Segundo que, se os estudos das crianças atrasarem em um ou dois anos a compra do sítio, eu acredito que só teremos a ganhar lá na frente. Com o aprendizado que eles vão ter, com certeza vão cuidar melhor da própria terra e da família. É um ganho a longo prazo. A educação vai ajudar a minha família a sair do carreador.

Enquanto o italiano falava, os técnicos foram se afastando da roda. Primeiro foi o farmacêutico que, percebendo a atenção que Domício dava ao italiano, se retirou, levando consigo o mecânico, fazendo gestos de descontentamento em direção ao interlocutor. Depois foi o fiscal, seguido, aos poucos, de todos que inicialmente faziam parte da roda. Alguns até se afastaram a contragosto, para não serem interpretados como quem estivesse apoiando as ideias do italiano.

Domício deixou que ele terminasse sua fala, sem dar muita atenção ao afastamento ostensivo do grupo. Naquele momento ele percebeu que a preocupação das pessoas mais favorecidas na fazenda não era com a redução da produção. Para eles pouco importava o lucro que o proprietário tinha. Este, lá em São Paulo, já ganhava demais e vivia uma vida de opulência. Colonos com melhores condições de estudos representavam uma ameaça à posição dos técnicos e do futuro de seus familiares. Eles tinham medo da competição que isso representaria para si e para seus filhos, por isso estavam empenhados em impedir o funcionamento da escolinha, mesmo que prejudicasse os estudos dos próprios filhos. Nesse caso, preferiam encaminhá-los para estudar nas cidades, seria mais garantido, opção que Domício já pensara para seus filhos.

Se, de um lado, os técnicos se afastaram da roda; de outro, os colonos, ao verem o italiano conversando com o administrador da fazenda, criaram coragem para se aproximar da autoridade e ter uma oportunidade de se fazer presente em seu círculo.

— Eu não precisei de estudo para trabalhar, não vejo por que meu filho vai precisar. — comentou um colono, rebatendo o italiano. — Já estou dando casa e comida. Se precisar de estudos, ele que vá atrás quando tiver condições.

— Aqui a gente tem tudo. — atalhou outro colono. — Tem casa, tem comida. É só plantar que a terra dá de tudo. Se meus avós passavam fome lá na Itália, aqui é só plantar, pescar enquanto a planta não produz, e colher quando produzir.

— Meu filho aprendeu a pescar cedo, não tinha nem sete anos. Ia comigo pra beira do rio, queria me ajudar a colocar a minhoca no anzol. Eu deixava. Arrumei uma vara pequena para ele. Hoje, com nove, se deixar, sustenta a casa com o peixe que pega. É melhor ele ir pescar do que para estudar. O que que ele vai trazer para ajudar em casa indo para a escola?

— Nada. A escola só toma tempo. Vai passar anos até que seja útil o que aprendem lá.

— Eu não sei nem o que se aprende numa escola.

— Eles vão lá para aprenderem a tabuada.

— O que que é isso? Monte de tauba? Leva eles na serraria então.

— E quando chegar na época da colheita, vão ser liberados da escola para ajudar na colheita? Não, não dá para ficar sem as crianças, elas ajudam pouco, mas são necessárias.

— O que seu avô fazia lá na Itália? — perguntou o velho italiano.

— Não sei, mas isso não tem nada a ver com minha vida aqui. — respondeu o colono mais jovem, mostrando desinteresse pelo assunto.

— Como não sabe? — falou o velho italiano de forma incisiva. — Se seu avô era marceneiro lá, você poderia fazer o mesmo aqui e, provavelmente, estaria ganhando muito mais do que como colono, estaria trabalhando lá na cidade. No entanto, parou de estudar, se desinteressou de tudo, vai morrer morando na colônia.

— E você, o que sua família fazia lá na Itália? — perguntou o colono mais jovem, como a dizer "e você, por que está perguntando? Está na mesma situação que eu?".

— Meu avô era professor. Na fazenda não me deram escola, mas eu aprendi a ler e a escrever. Posso ter errado em não continuar os estudos. Errei em não insistir para que meus filhos estudassem. Agora quero que meus netos aprendam a ler e a escrever para que não herdem meus erros. Gostaria até de vê-los seguindo os passos de meus antepassados, como professores, e contribuindo para o desenvolvimento desta terra. Espero assim corrigir meus erros.

— Mas nem todos que vieram de lá eram professor. A maioria era da roça mesmo.

— Todo mundo sabe que não era bem assim. Era exigido que fossem lavradores, mas muitos que vieram nunca tinham visto um arado. Trabalhavam em outras profissões e se apresentaram como lavradores para serem aceitos pela emigração. Muitos tinham até cursos específicos, como os professores, enfermeiros, parteiras. Sem contar aqueles que a profissão passou de pai para filho, como ferreiro, costureiras, sapateiro. Nessas profissões talvez nem sempre precisem saber ler, escrever e fazer cálculo, mas, sabendo, vai ajudar muito. Fazer e anotar as medidas para cada trabalho. Você não sente vergonha quando tem que pedir para outra pessoa dizer o que está escrito num documento, num contrato? Não sente vergonha quando tem que sujar o dedo de tinta por não saber assinar, de dizer, na frente de um punhado de gente, que é analfabeto?

    Domício se sentia em um dilema, ali, naquela roda de conversa. De um lado, precisava de todo apoio possível para a implantação e funcionamento da escolinha, não podendo dispensar nem mesmo o dos colonos. Tinha que atingir um número de alunos que justificasse a existência da escola perante o poder público e o patrão. De outro, não podia estimular os colonos a matricular seus filhos, pois não teria condições de atender a todos. Na conversa que se desenrolava ali, percebeu que poucos gostariam de ter um espaço para a educação de seus filhos, o que não sobrecarregaria a escolinha. Talvez não houvesse pressão para aumentar o número de vagas, que seriam disponibilizadas, e isso o tranquilizava.
    Para não se envolver na discussão, que se tornava acalorada, e se comprometer a ponto de inviabilizar a escola, alegou a necessidade de voltar para sua casa. Pediu licença e se despediu do grupo. Seus cálculos o levaram a se dar conta do problema que seria se todos os colonos tivessem a preocupação do velho italiano. A fazenda tinha mais de cento e cinquenta famílias, só de colonos, o que deveria somar em torno de quinhentas crianças. Quantas na idade escolar? Seria impossível instalar uma escola para receber todas. O melhor era não atiçar essa população.

4.

Ao se afastar da roda formada pelos colonos, querendo se retirar para sua casa, Domício foi abordado pelo farmacêutico, seguido por aquele mesmo grupo de fiscais com quem conversava anteriormente.

— Seu Domício! — chamou o farmacêutico, mas Domício continuou andando como se não tivesse ouvido. Na realidade queria evitar continuar com aquela discussão, principalmente porque já imaginava a intenção deles. — Seu Domício! — voltou a chamar o farmacêutico, agora mais alto.

Dessa vez não teve como não atender ao chamado. Voltou-se e aguardou a aproximação daquele pessoal.

— Seu Domício, o senhor realmente já conversou com o dr. Expedito sobre a instalação da escolinha? — perguntou o farmacêutico.

— Sim, já. Como eu falei para vocês, ele me autorizou e não colocou qualquer impedimento. Apenas me disse que não queria gastos, que não estava em condições de aumentar os investimentos na fazenda. Porém, não pôs qualquer outro empecilho.

— Você colocou que incluiria os filhos dos colonos na escola?

— Não entrei em detalhes como esse. Falei que seria só uma turma e que funcionaria na igrejinha ou no salão de festas. Se ele não quisesse que os filhos dos colonos participassem, teria dito. O que teria ele contra?

— É que não sei se os filhos dos colonos, ignorantes como são, vão atrapalhar o aprendizado dos demais.

— Eu não acho que os filhos dos colonos sejam ignorantes, como você está dizendo. Tem muita criança inteligente ali.

— Não, não é ignorância no sentido de não serem inteligentes. O que eu vejo é que a educação deles é muito diferente da nossa. Veja só como os italianos vivem falando palavrão. E os negros são todos preguiçosos. Eles vão ser um mau exemplo para nossos filhos.

— Eu não vejo os colonos dessa forma. Eu sou filho de colonos, nascido em colônia. Meus pais eram italianos, nascidos na Itália, e não me encaixo nessa ignorância que você está apontando.

— Você sabe que não é isso que quero dizer. Sempre têm as exceções. Você batalhou, sempre foi um trabalhador incansável, foi reconhecido pelo seu patrão e soube aproveitar as oportunidades. Agora esse pessoal, não adianta dar oportunidade para eles, nunca vão sair da pobreza em que vivem. As crianças nem vão permanecer na escola. Uma escola para eles é gastar dinheiro à toa.

— Eu não tive escola nas fazendas onde cresci, mas meu pai pagou um professor para me ensinar a escrita e a matemática, é por isso que eu estou aqui. Aproveitei as oportunidades, não só porque estiveram diante de mim, mas também porque minha família e eu fomos em busca delas. Sabendo ler, por meio de jornais e revistas, aprendi a criar as oportunidades, que são poucas na vida. A maioria é a gente que cria. E, sabendo ler, a gente tem mais informação para criá-las.

— Você vai pôr seu filho para estudar com eles. E se eles roubarem as oportunidades de seu filho?

— A primeira questão é a confiança que tenho no meu filho. Depois é importante que ele conheça toda a sociedade com quem vai viver, e é na escola que ele vai aprender, convivendo com crianças de todos os tipos, de todos os níveis. Ali ele vai aprender o que é ser amigo e o que é ser inimigo também. Por isso, é importante que ele saiba que tem gente educada e mal-educada, trabalhadora e preguiçosa, honesta e trapaceira, que vai ter muitos amigos, muitos inimigos e, também, falsos amigos. Tudo isso ele vai aprender, vivendo com as crianças de sua idade e não preso lá em casa.

— Mas na roça, nos fins de semana, eles convivem aqui na fazenda, na frente das colônias. Ali eles aprendem tudo isso.

— Sim, concordo com o senhor, principalmente se estiverem sendo bem orientados pelos pais e avós. Então, colocar um professor junto só vai enriquecer esse trabalho. Ou o senhor acha que o diploma de professor não dá a ele autoridade na área de seu conhecimento? O senhor tem diploma de farmacêutico e tem mais conhecimento sobre as doenças do que os raizeiros, não é?

— Você conversou seriamente com o dr. Expedito, foi até São Paulo, para conversar com ele?

— Conversei por telefone. Por que você não acredita no que estou dizendo? — perguntou Domício olhando bem para o farmacêutico, questionando-o diretamente, como quem está perguntando "Você está me chamando de mentiroso?".

— Eu não estou duvidando de você. No entanto, vendo a defesa que você está fazendo dos colonos, parece até que está do lado deles, contra nós e o patrão. Nós apenas estamos defendendo nossos interesses e os do patrão.

— Eu estou administrando esta fazenda há pouco mais de um ano. Por sorte, assumi justo ao final da penúltima safra, ou seja, tive a sorte de tocar toda uma safra de café. Se a fazenda estava dando prejuízo, eu não sei, e não me interessa aqui. Sei que ela estava desorganizada e produzindo pouco. Hoje é uma fazenda que só recebe elogios pela sua organização. De uma safra para a outra, a produção aumentou em mais de vinte por cento. Já instalamos uma nova colônia para ampliar o plantio e a colheita. Você acha que o patrão vai me mandar embora porque quero uma escola para meu filho estudar? E que vou perder a oportunidade, que criei, para negociar a escola? Não vai ser dois ou três filhos de colonos que vão estragar meu filho. Eu nasci com eles, cresci com eles, minha família vivia e vive com eles, meus pais e irmãos moram aqui, em uma colônia, e sei o quanto esse povo pode ensinar. Se os filhos dos técnicos não completarem a turma, eu vou colocar filhos de colonos para completar.

Domício percebera claramente que se encontrava em uma terra de ninguém, onde imperava uma hierarquia ditada por interesses pessoais, para gerar um poder dentro de seus pequenos espaços. De um lado, tinha, bastante próximos, metralhando seus ouvidos, homens estudados, bem-informados, vivendo comodamente nas cidades, que se julgavam superiores àqueles que viviam nas fazendas. Ao seu lado, os técnicos, que recebiam pagamentos mais altos que a média dos trabalhadores que ele comandava e que podiam muito bem dar condições melhores e conforto para suas famílias, até mantinham seus filhos estudando nas escolas nas cidades, que eram melhores do que as do meio rural. Um grupo bem estabelecido que tentava impedir a instalação da escolinha. Apesar de apresentarem diversos motivos, tais como ignorância dos colonos, mal exemplo, não saberem usar o dinheiro, a razão verdadeira era o medo que tinham da formação de uma população mais bem preparada para a competição, necessária para o sucesso na sociedade em que viviam.

Em um terceiro nível, as pessoas simples, tão simples que sequer conseguiam ver a importância da educação para si e para as gerações futuras de suas famílias. Talvez até tivessem medo, mas, diferentemente do outro grupo, medo de arriscar voos fora do ambiente em que viviam, de dar asas a quem não fora feito para voar. Influenciados pelos técnicos e fiscais, provavelmente pensavam que, se as letrinhas embaralhavam para eles, quando iam ler, também se embaralhariam aos olhos dos filhos. Nasceram para as colônias, que já era um progresso, em relação às senzalas. Sequer viam a possibilidade de, oferecendo uma vida melhor para seus filhos e netos, eles mesmos teriam uma velhice mais segura e saudável.

Essa alergia à educação não parava por ali. Fora da fazenda, estavam os políticos e fazendeiros que moravam na região. Ainda distantes, estavam os proprietários da terra em que ele trabalhava, seus patrões, na realidade um, apesar de ser uma sociedade anônima. Podia incluir também, muito provavelmente, toda a imprensa, juntando, assim, todos aqueles que detinham o poder no país. Uma hierarquia social difícil de ser visualizada a partir da base em que se encontrava, mas que era real.

A alergia é uma reação a agentes externos, geralmente químicos, que age no corpo do paciente e só incômoda a ele, nada afeta aos demais com quem convive. Muitas vezes é quase imperceptível. A educação é como um agente estranho, quando chega a uma sociedade. Devido à dificuldade que muitos têm de entendê-la ou aceitá-la, é interpretada como uma propriedade particular, que só pertence a alguns. Ou como um ferro em brasa, muito bonito de se ver, mas pode queimar aqueles que a tocam. Sua implantação é uma obrigação de quem tem autoridade, como Domício, ou de quem a entende, como o velho italiano.

PARTE II

QUANTO CUSTA A ESCOLINHA?

5.

No dia seguinte, Domício foi direto ao escritório conversar com Osvaldo, o guarda-livros da fazenda. A conversa que tivera com Bianca, na noite anterior, o convencera de que estava na hora de colocar Artur para estudar. Até então, nunca tinham falado sobre os estudos dos filhos, e ela lhe deu um alerta importante. Artur estava pegando gosto em se afastar de casa, estava começando a fugir da vigilância da mãe, e não avisava para onde ia. Ela ficava preocupada, gastava tempo indo atrás dele, e isso atrapalhava o serviço dela. Como ele gostava de pescar, podia até estar rondando a barranca do rio, e, para uma criança de seis anos, isso era perigoso. Mesmo acompanhado de um adulto, aconteciam acidentes, o que não pensar dele sozinho. Além disso, não tinha como conhecer todos os moradores da fazenda, e tinha muito malandro nesse meio. Domício achava que todo mundo conhecia o Artur por ser seu filho, mesmo assim, não dava para acreditar que todo mundo o respeitaria.

Em princípio isso não era ruim, ele estava apenas querendo ganhar liberdade. Quando Domício era criança, com a idade do filho, não se prendia em casa, brincava com a meninada da colônia onde morava. Tudo acontecia no pátio, diante das casas, sob os olhares dos pais. Ali conheciam todo mundo. Então não tinha medo de que algo ruim acontecesse. Quando saía para mais longe, fugindo da vista dos mais velhos, era com essa mesma criançada.

No trabalho era a mesma gente. Seus pais iam para a roça, e ele ia junto, com sua enxadinha. No caminho encontravam os moradores da colônia, na roça, eram os mesmos vizinhos e no carreador, eles seguiam paralelos. A vida era uma convivência constante com o pessoal da colônia. Parente, tinham poucos, e a maioria morava próximo. Os primos se confundiam com a vizinhança.

Agora era diferente, como administrador, ficava isolado. Sua casa era distante das colônias da fazenda. As construções mais próximas eram o escritório e as oficinas, que não tinham criança. A colônia mais próxima estava a mais de trezentos metros de distância. Para ir a qualquer uma delas, onde as famílias se reuniam no início das noites, tinham que atravessar algum córrego, exceto a dos técnicos; a maioria das vias eram estradas da fazenda, mas muitas vezes seguiam pelos carreadores, que cortavam caminho;

nesses casos, acabavam beirando as matas. Eles iam frequentemente à casa de seus pais, que ficava a mais ou menos dois quilômetros de distância. Se Artur saia sozinho, confiando que aprendeu o trajeto, pode até se sentir seguro no início, mas logo vai estranhar. Seja no carreador ou nas estradas, só tinha pé de café, era tudo igual, então ia se perder. Em meio aos milhares de pés de café, como encontrariam uma criança perdida. E se tentasse varar por dentro de uma mata, seria perigoso.

Bianca tinha razão, estava na hora de Artur começar a estudar, e a melhor solução, a mais prática, era instalar uma escola na fazenda. Ele ainda era muito novo para sair de casa e morar numa cidade, ficar na casa de parentes, para estudar em colégio na cidade. Mesmo que os colégios fossem melhores, na sua idade, era melhor que estivesse perto da mãe, que os pais pudessem observar e interferir no comportamento dele. Por mais confiança que tinham nos familiares, é sob os olhos do dono que o boi engordava. Era um momento em que o filho queria ganhar autonomia, e os pais eram o melhor exemplo. E, como disse Bianca, ele não ficaria distante do filho.

Se pudessem ter uma escolinha, seria ali na fazenda. Criariam um ambiente de convivência para o menino, os filhos dos técnicos e dos colonos. Os pais estariam sempre sabendo onde os filhos estavam. Com certeza, muitos pais tinham os mesmos problemas que eles. O mais importante é que os filhos receberiam uma formação que os capacitaria para sair de uma condição de subalternos em que se encontravam. Poderiam progredir com outros estudos e se tornar até doutores. Além disso, muitos técnicos deixavam a fazenda para morar na cidade, para dar estudos para os filhos, o que não mais aconteceria, principalmente se fosse uma boa escolinha, com um bom professor. Seria uma razão para reter o pessoal mais qualificado na fazenda.

Tudo dependia de Domício. Como administrador, ele batalharia para que isso acontecesse, estava em suas mãos a construção ou a instalação de uma escolinha ali.

Na fazenda, o guarda-livros era quem melhor entendia das leis, ele deveria dar uma boa ideia do que fazer.

— Eu quero construir uma escola aqui na fazenda, o que a gente tem que fazer? — Chegando ao escritório, Domício foi direto a Osvaldo e fez a pergunta, até mesmo misturando a pergunta com o cumprimento, que foi um aperto de mão.

— Uma escola? — Osvaldo disse, depois de alguns pigarros de susto, sem que fosse possível perceber se ele fazia uma pergunta ou uma censura sobre a ideia.

— Sim, uma escola. O que que tem isso de tão estranho, não é um bicho de sete cabeças, é? — falou Domício, tentando descontrair a conversa.

— Sim, não, não é. Você me pegou de surpresa. Eu estou pensando o que o dr. Expedito diria, se ele concordaria.

Dr. Expedito Gomes Rovigo era o proprietário da Santo Expedito, a enorme fazenda sob administração de Domício. Formado em Direito pela Faculdade de Direito São Francisco, morava em um hotel na cidade de São Paulo, não se sabia por que já que tinha casa própria em São Carlos. Nesta cidade tinha outras fazendas de café; ao que parecia uma só dele e outra com a família dos pais dele. Tinha ainda diversos imóveis espalhados e alugados por São Paulo e por cidades do interior paulista, como São Carlos e Santos, mas não era com imóveis ou com a fazenda que ele estava ganhando dinheiro. Ele tinha uma exportadora de café em Santos e uma empresa de fornecimento de sacaria padronizada para exportação de café.

Era filho de imigrantes italianos, que chegaram ao Brasil ainda no final do Império, como Domício e Bianca. Logo que aqui chegaram, compraram terras, plantaram café; com a dedicação e trabalho árduo, enriqueceram e puderam dar a seus filhos condições de estudos, até mesmo uma faculdade. Essa formação permitiu que progredissem, crescessem economicamente e fossem importantes personagens na vida econômica do país.

— Nos cinco anos que eu trabalho para ele, nunca o ouvi comentar sobre alguma melhoria na fazenda que não fosse para a produção de café. — opinou Osvaldo.

— Sim, tudo bem. — falou Domício depois de sentar-se em uma cadeira ao lado de Osvaldo, pois a conversa poderia ser longa. — Ele pode nunca ter se interessado pela vida do pessoal aqui da fazenda, afinal quase nunca vem aqui. Só aparece no dia do pagamento e passa a maior parte do tempo cuidando do dinheiro que paga aos empregados. Quando sobra tempo, ao final do dia, dá uma volta a cavalo pelo cafezal e olha as instalações do beneficiamento. Se o saldo da colheita for positivo, sobra dinheiro, vai embora satisfeito. Até pode fazer algumas críticas ou sugestões, digamos que, para mostrar serviço, mas nunca cobra se houve implementação do que sugeriu. Se a fazenda estiver dando dinheiro, e não estiver dando dor de cabeça, ele nem olha para cá.

— Como todo proprietário, também é essa a preocupação que ele tem, é a produção e o lucro da propriedade, da empresa.

— Eu concordo com você e com ele, não tem como manter uma empresa que dá prejuízo. Agora, lucro é o que nós demos para ele nessa última safra. Eu peguei esta fazenda no ano passado dando prejuízo para ele, não rendendo o que podia; o cafezal estava abandonado. Ele mesmo parecia estar mais preocupado com suas rendas lá na capital. Tinha praticamente abandonado tudo na Santo Expedito. Eu penso que a única razão dele manter isto aqui é usar o valor da terra para conseguir financiamento em banco para outros projetos.

— Eu também penso que é para isso que ele quer.

— Ele já tem tudo sem se desfazer das terras, mas aqui existe potencial de produção, de muito mais lucro. Abandonado como estava, ele só perdia, devagar, ano a ano, mas perdia. A terra também se desvaloriza, é a erosão das enxurradas, o desgaste do solo com o tempo, perde valor. Um ciclo de produção de café comigo já foi o suficiente para mudar a maneira que o colono vê seu próprio trabalho. O administrador anterior era displicente, não cobrava do colono, deixava que eles trabalhassem mais nas suas roças do que no cafezal do patrão. Eu assumi e fui em cima, cobro, explico como fazer, faço junto para incentivar e, ao final, mostro que, quanto mais eles trabalharam no cafezal ao longo do ano, mais receberam na colheita.

— Você realmente transformou muito o espírito de trabalho dos colonos. A questão é até que ponto isso é suficiente para o patrão. Ele sabe que a fazenda ainda não rende o que pode. Ele vai alegar que os colonos ainda se dedicam mais às suas roças do que ao cafezal.

— Muitos que seguiram esse caminho, ao longo do ano que passou, já estão vendo que os ganhos de quem se dedicou ao cafezal foi significativamente maior. Já perceberam que é só deixar para os fins de semana a caça, a pesca e as festas, que já arrumam tempo suficiente para cuidar do cafezal. Você vai ver que este ano vamos ter uma dedicação muito maior nos cuidados com o cafeeiro.

— Esse pessoal não tem jeito, eles não mudam. Caça, pesca e cachaça são vícios, é uma coisa de que esse povo não abre mão.

— Não. Uma escola é um sonho de muitos para seus filhos, é uma esperança de futuro para eles.

— Essa gente não está nem aí para os filhos. Eles vivem soltos pela fazenda, em vez de trabalhar. Vive que nem bicho no mato.

— É claro que nem todo mundo pensa assim, que não pensa em seus filhos ou que não quer o melhor para eles. Isso tem que mudar, os pais têm que se preocupar com o futuro dos filhos, que é o futuro deles também.

— Quantos deles nem querem mudar, vão até reclamar se tiver que se afastar de sua caça e pesca. Pensam que a vida é isso mesmo, que nasceram para ser colonos; vão viver a vida inteira como colonos e vão morrer como colonos. Tem até aqueles que acreditam que nasceram para servir.

— Não, eles se acomodam porque não veem perspectivas. Conforme vão vendo melhorias em suas vidas, passam a acreditar e a se dedicar mais. A esperança é a última que morre, e é isto que a gente tem que oferecer a esse povo.

— Não sei não. Eu acho que você está é procurando sarna para se coçar. Você corre o risco até de perder seu cargo.

— Deixa comigo. Você só me diz o que a gente tem que fazer para abrir uma escolinha aqui na fazenda. Eu quero saber todos os detalhes, leis, documentação, autorizações, tudo; também como contratar um bom professor. Deixa que com o patrão eu me acerto; eu converso com ele.

6.

— A construção de uma escola é cara. O prédio, mesas, carteiras, cadeiras, lousa, não sei listar aqui tudo. — Osvaldo começou a fazer uma lista das necessidades, mas Domício percebeu que ele queria mesmo mostrar que não seria fácil instalar uma escola ali. Eles não tinham nada do que seria necessário, teriam que comprar tudo. O administrador ficou só ouvindo e, quando Osvaldo parou de falar, retrucou:

— Não parece tão cara assim. O prédio a gente pode usar a igrejinha, é muito raro ter missa lá. Se tiver alguma novena, algum terço ou culto, não toma mais do que uma hora. Isso é perfeitamente administrável, marca com antecedência ou só no horário em que não vai ter aula. Outro lugar que pode ser usado é o salão de festas. Lá é maior e nunca é usado durante a semana. Os móveis também não são problemas. Madeira é o que não falta por aqui. Em dois ou três dias, os marceneiros fazem esses tipos de móveis, que podem ser mesas e bancos, não precisa ser carteiras, o necessário para vinte ou trinta crianças. Toda essa infraestrutura, a fazenda pode fornecer sem gastar. Ou tem algum detalhe nas carteiras, que impeça o uso de mesas e cadeiras? Eu até acrescento um armário, com portas e chave, para o professor guardar seus pertences.

— É, talvez isso seja o mais barato para a administração, vai pesar pouco. — respondeu Osvaldo sem muita segurança.

— Se for o caso, a olaria ainda está em atividade, podemos construir uma sala, que não precisa ser grande, não vai custar caro.

— Sim, o barro já está lá, é só extrair e fabricar os tijolos e telhas, mas quem paga os salários do oleiro e dos operários é a fazenda, sem contar também o desgaste e a manutenção, as carroças, os animais e a própria olaria.

— Talvez não seja necessário mais do que uma semana de serviço, um pouco mais para a queima das peças, nada com que a fazenda não possa arcar.

— Creio que ceder os espaços já existentes, principalmente não interferindo no fluxo do serviço e na produção, seja mais próprio como proposta para o patrão e que ele não vai ter como impor empecilhos. — disse Osvaldo, mudando já de ideia.

— O que seria tão caro que o patrão ou a fazenda não poderia suprir? — perguntou Domício.

— Os alunos precisarão de cartilhas, cadernos, lápis, borrachas, lápis de cor, todo tipo de material para que possam estudar. A fazenda vai fornecer ou vai ficar a encargo das famílias?

— É um assunto que a gente tem que pensar. Se não tivermos o valor do gasto, não podemos dizer que assumimos. E, se tivermos o valor, podemos até dividi-lo com os pais, por que não?

— Se a fazenda fornecer isso tudo, como vai ser se as crianças perderem alguma peça desse material? Imagino que facilmente vão perder borrachas, canetas; vão quebrar lápis, rasgar, borrar ou molhar os cadernos e as cartilhas. A fazenda vai substituir todo o material sem qualquer discussão?

— A situação se torna delicada, mas podemos fornecer todo o conjunto no início do ano; caso os alunos percam alguma coisa, fica por conta dos pais, uma reposição do material ganho e prejudicado. Dividindo a responsabilidade com eles, terão mais cuidados. Quanto ao valor que a administração vai gastar, pode ser um conjunto no início do ano e outro no início do segundo semestre.

— Você parece encontrar solução para tudo.

— Estou propondo ideias, pensando com detalhes, para que tenha argumentos diante do patrão.

— Vejo que a estrutura física não vai ser complicada em suas mãos, você vai encontrar solução fácil.

— Você consegue um orçamento desse material escolar para mim? Pode ir a Ourinhos e Cambará e fazer isso?

— Vou ver. Vou até a Fazenda Conforto, que tem uma escolinha. — A Fazenda Conforto era vizinha à Fazenda Santo Expedito; era maior e administrada pelo proprietário, que morava com a família na propriedade. Pouco depois de instalada, construíram uma escola próximo da sede, que estava em funcionamento há vários anos. — Vou conversar com o pessoal de lá, saber o que fizeram para ter a escolinha funcionando. Eles poderão nos dar umas boas dicas.

— Pergunta também sobre o material necessário para as crianças estudarem, inclusive para o professor e quantas crianças tem em uma turma.

— Se você pensa em fornecer esse material, tem muita coisa que já temos aqui no depósito, lápis, caderno, borracha. — sugeriu Osvaldo, mostrando interesse em ajudar.

— Mesmo assim, você vai depois até Cambará e Ourinhos e faz um orçamento pensando no número de crianças na escola. Se a fazenda vai fornecer, também tem que entrar no orçamento.

— Faço esse orçamento e, no máximo, amanhã te passo.

— Na realidade eu preciso de todas essas informações para argumentar com o dr. Expedito, saber o quanto a fazenda terá que investir. Ah, vê também o preço de jalecos. Talvez possamos pensar em algum uniforme para as crianças.

— Uniforme para esses capiaus?

— Sim. Por que não? Quanto melhor apresentável eles estiverem, mais vão se orgulhar de ir à escola.

— Não dou uma semana para se apresentarem com isso tudo imprestável, sujo, rasgado e ainda mostrando esse orgulho de que você está falando. Tenho a impressão de que eles não vão conseguir distinguir o uniforme da roupa que usam hoje. Vão usar só para ostentar que ganharam, que são favorecidos, especiais.

— Não sei o que a gente poderá fazer então, vou deixar para pensar no assunto lá na frente, quando o problema aparecer. — respondeu Domício, que, depois de pensar um pouco, falou: — Eu parto do princípio de que, tanto os alunos como os pais, e até mesmo o professor, vão ficar orgulhosos de verem uma turma toda uniformizada. Isso vai estimular os estudos. Se eles se sentirem estimulados, poderão aproveitar mais.

— Eu tenho minhas dúvidas. Qual valor que essa gente dá aos estudos?

— Quem nunca come mel, quando come, se lambuza. Depois, com o tempo, a maioria aprende a não se lambuzar. Alguns até descobrem que mel com banana é uma delícia. Antes de tudo, tem que ter o contato com o mel, se lambuzar, gostar e aprender a usá-lo. Se tivermos um bom professor e ficarmos em cima das famílias e das crianças, com certeza vamos descobrir gente bastante criativa, e isso vai valorizar todo o nosso trabalho. Se a gente não investe em nossos filhos, como vai ser o futuro deles?

— Depois de toda a infraestrutura instalada, vem a parte mais cara, a manutenção. Tem que contratar pelo menos um professor. Isso é permitido em escolas rurais, um professor que vai ensinar leitura, escrita, desenho e matemática a todas as séries, da primeira à quarta, numa mesma sala, como se fosse uma só turma. Além disso, tem que ter uma pessoa para fazer a limpeza do local todo dia.

— Essa pode ser a mesma que faz a limpeza do escritório, não precisa ter uma exclusiva.

— Sim, pode ser, mas pelo menos um salário por mês só para a escola. Isso se a faxineira não exigir algum a mais para o mais de serviço que vai fazer. Até que ponto o dr. Expedito vai concordar?

— Quanto ganha um professor de escola rural? É o mesmo que em escola da cidade?

— Eu posso pesquisar isso também. Vou me informar lá na prefeitura.

7.

No início da semana seguinte, logo na manhã de segunda-feira, Osvaldo chegou a Domício, pedindo um tempo para conversarem. Agitava com as mãos algumas folhas de papel.

— Bom dia! — foi logo dizendo. — Aqui está o orçamento que você me pediu. Tudo que consegui para instalação da escolinha.

— Bom dia! — respondeu Domício. — Ótimo. O orçamento para a escolinha? O que você conseguiu aí?

— Creio que todos os gastos básicos possíveis, incluindo uma possível contratação de professor. — disse Osvaldo. — Só não me preocupei com a construção e os móveis, que, creio, deve ser uma discussão mais aqui na fazenda. Até busquei informações sobre como devem ser, mas não pensei no orçamento.

— Vamos conversar na minha sala. — convidou Domício, e se dirigiram para os fundos do escritório, onde ficava a sala particular do administrador.

— Vou apresentar por partes as informações que obtive sobre todas as necessidades para, oficialmente, conforme exige o estado, pôr para funcionar uma escola em uma fazenda, uma escola rural, como é o nome oficial desse tipo de estabelecimento. — começou falando Osvaldo. — Primeiro: onde instalar a escolinha. Na minha opinião, o melhor local é o salão de festas. É até grande demais, mas, ao longo da semana, é um espaço livre, inclusive sábado, pela manhã. Além disso, tem a vantagem que ali já tem mesas e cadeiras, que podem ser usadas pelas crianças.

— Mas são muito altas para elas. — interveio Domício — Muitas podem não alcançar a mesa, não serão confortáveis para elas, sentadas nas cadeiras.

Domício se lembrava de quando aprendera a ler em Pirassununga, ele e as irmãs. Seu pai pagava um professor que ia a cavalo da cidade para a colônia dar as aulas. Era ele, duas irmãs mais velhas e duas mais novas. Sentavam-se em volta da grande mesa da cozinha. Eram aqueles bancos longos, um de cada lado da mesa, e o professor à cabeceira, em uma cadeira. Ele, que já era grande para seus nove anos, aliás, como todo mundo em sua casa, inclusive as meninas, tinha que se esticar para conseguir se colocar em uma posição acima do caderno e conseguir escrever com desenvoltura. As irmãs mais novas ficavam com os olhos mal aparecendo acima da mesa, tinham que ver e ler o que estava escrito na cartilha e escrever no caderno. A mãe até improvisara alguns caixotes em cima do banco, para que elas ficassem mais altas, mas logo percebeu que não era muito seguro. Seu pai então mandou fazer cadeiras mais altas, substituindo os bancos.

— O que a gente tem lá será um quebra-galho temporário, isso se a contratação do professor for logo. — explicou Osvaldo. — Na marcenaria tem madeira suficiente para fazer até mais do que trinta cadeiras e mesinhas. Aí é só o tempo de serviço dos funcionários que entrará no orçamento.

— A ideia das mesas e cadeiras do salão é boa. Na conversa com o dr. Expedito, vou dizer que não teremos esses gastos por enquanto, que talvez só entrem depois da próxima safra, para o ano que vem.

— Os marceneiros poderão fazer com sobras de madeira, trabalhando conforme sobrar tempo de outras atividades, assim o gasto nem será percebido no orçamento geral da fazenda.

— Novamente um bom argumento para convencer o patrão. — Domício ficou contente com a participação que Osvaldo começava a mostrar com a ideia da escolinha.

— Como você pediu, eu procurei o preço do material escolar nos armarinhos em Cambará e Ourinhos. Creio que vamos gastar em torno de trezentos mil reis para a manutenção de vinte e cinco alunos durante um ano na escola.

— Só isso? Um saco e meio de café exportado em Santos?

— Conforme nossa conversa, só não incluí o valor de jalecos. Não é fácil encontrá-los já prontos, na quantia que a gente vai precisar, têm que ser encomendados em alguma costureira. Existem uniformes escolares, mas são caro demais.

— Como assim?

— Os uniformes são calça curta e camisa, para os meninos, e saia e blusa, para as meninas. Padronizando a cor. Já o jaleco é uma peça igual para meninos e meninas, que vão usar por cima da roupa.

— Aqui na fazenda, temos costureiras. Podemos comprar o pano e dar para elas fazerem.

— Pode ser feito com o tecido de algodão, que já é bastante usado para as roupas dos colonos.

— Creio que é um assunto para a gente conversar mais tarde, quando já tivermos certeza da instalação da escolinha, e que pode ser omitido na conversa com o patrão.

— E quanto ao professor? — perguntou o administrador, pois era, na realidade, o que mais o preocupava.

— O salário de um professor não é tão alto quanto a gente pensa, depende do cargo, varia de um conto e duzentos mil reis por ano, para um professor de escola rural, a dois contos e quatrocentos mil reis em colégio na cidade.

Osvaldo apresentou uma situação desconhecida para Domício, que não sabia dessa diferença. Toda escola era igual para ele. Eram chamadas diferentes só por estarem no meio rural ou na cidade, e os professores eram todos iguais. Na fazenda na qual tinha trabalhado como administrador antes, a escola ficava toda sobre a responsabilidade do patrão e ele não tinha criança em idade escolar. Como era mais próxima de São Paulo, onde morava, ele ia mais frequentemente visitar sua propriedade. Então gastaram um longo tempo com o Osvaldo explicando sobre como funcionam. As escolas rurais são também chamadas de mistas, porque juntam, em uma mesma sala, atendidos por um mesmo professor, alunos dos quatro anos de formação primária, ou seja, alunos do primeiro ao quarto anos primários. Ali o professor atende a todos igualmente, ao longo do horário da aula. Isso pode causar alguma confusão uma vez que, em muitas escolas, principalmente as confessionais, têm turmas de meninos e turmas de meninas e, nas escolas públicas, as turmas são mistas, com crianças de ambos os sexos. Ou seja, teriam que contratar só um professor.

— Cento e vinte mil reis por mês para uma escolinha aqui na fazenda. Ela custará para nós seis sacos de café por ano, no mercado internacional atual. — falou Domício depois de fazer cálculos de cabeça.

— Na prefeitura de Cambará, me falaram que o professor da escola da Fazenda Conforto recebe um conto e quatrocentos e quarenta mil reis por ano.

— Então, com a saca custando pouco mais de duzentos mil reis, é só um saco a mais por ano. Se colocarmos os trezentos mil reis para o material, um conto e quinhentos, vamos arredondar para um e seiscentos, serão oito sacos. Vamos arredondar de novo para cima, dez sacos para sustentar uma escola, para trinta alunos, ao longo de todo o ano, é muito pouco.

— É, mas o patrão não vai colocar só esse gasto nos cálculos. Ele vai somar o quanto essas crianças deixarão de produzir na lavoura.

— Mesmo assim, quanto representam para a produção anual da fazenda? Sobre dezesseis mil sacos desta última safra? Menos de um por cento, é um gasto muito insignificante para ele.

— Menos de um décimo por cento, para ser mais exato. Levando em conta que essa marca de produção só foi atingida com a sua administração, e ele já percebeu isso. Ele deve te ouvir mais por esse seu potencial de trabalho do que por interesse em atender às crianças.

— Sim, eu já posso exigir dele essa confiança, apesar de ter sido um ano de produção excepcional. Na próxima colheita, devemos manter essa marca, mesmo com a queda natural que deve acontecer, devido ao ciclo de produção da planta.

— Você tem que pensar que patrão é patrão. Você está a apenas um ano na fazenda, e foi um ano de safra boa. Ele ainda pode argumentar que é muito cedo para investir aqui, mesmo tendo você à frente. Outro argumento que ele vai apresentar, e que é forte, é sobre os problemas que está tendo no mercado. Quando conversamos, ele falou da perseguição que está tendo devido ao mercado de sacaria. Como é hoje o principal fornecedor desse produto para o mercado, tem muita gente querendo derrubá-lo. Na minha opinião, ele vai argumentar que neste ano está um pouco difícil, que provavelmente, no próximo ano seja mais seguro instalar uma escola aqui, não agora.

— É, mas o crescimento do meu filho não espera.

— Está aí, você até deve falar sobre a necessidade de estudos de seu filho. Que você tem que tomar uma atitude neste ano e a mais prática que você vê é a escola na fazenda.

— E é mesmo. Inclusive pelo que você mostra no orçamento, é a mais barata. Bianca até levantou a ideia dele ficar em casa de parente em Ourinhos ou Cambará, mas ela não quer se separar do filho. Eu também não. Outra ideia é ele ir a cavalo todo dia para Cambará, mas acho perigoso.

— Você não deve nem falar dessas alternativas para o patrão.

— Da última vez que ele esteve aqui, só elogiou a organização da fazenda e a dedicação do pessoal. Eu vou lembrar a ele tudo isso que nós conversamos aqui.

— Concordo com você. São argumentos que você pode usar, conforme a conversa com ele.

— Mas o governo pode dar tudo isso, tanto pagar o professor como o material para as crianças, é obrigação dele, não é? — Quis saber Domício.

— Obrigação é uma coisa, o interesse dos políticos da região é outra. — falou Osvaldo, um pouco pensativo e rindo. — Depende da força que eles têm junto ao governo do estado e do verdadeiro interesse que têm com a região. Você tem que ver que os políticos são todos fazendeiros. O interesse deles é com as fazendas deles e com a produção de café, nada mais.

— Se a prefeitura paga o professor da Fazenda Conforto, pode pagar aqui também, não?

— Sim, claro. Mas o prefeito é o dono da Conforto.

— O que a gente precisa fazer para envolver o governo ou a prefeitura para ter a escola e, em função disso, o apoio do dr. Expedito? — perguntou Domício meio incrédulo.

— Para isso precisamos da autorização do governo do estado, que é complicado. — Osvaldo respondeu. Apesar de falar que era complicado, já não apresentava suas ideias visando dificultar a instalação da escola, mas sendo prático. — Mas creio que eles não vão dar mais do que o salário do professor. É obrigação deles dar toda a infraestrutura, a construção e os móveis, mas pode esquecer, por ser dentro de uma área privada.

— Ou seja, primeiro temos que ter a aprovação do dr. Expedito. Depois vamos conversar com o prefeito.

— A fazenda está mais vinculada a São Paulo do que ao Paraná. A Companhia Agrícola Santo Expedito é de lá, o dr. Expedito é de lá; todo o café produzido aqui é exportado por Santos. A fazenda está no Paraná, mas tem vínculo com o Estado de São Paulo. Qual lucro isso representa para a região?

— Eu também vejo essa dificuldade.

— Nós estamos muito longe da prefeitura de Jacarezinho, que é o município da fazenda. Para eles, a gente está no fim do mundo, somos a fazenda mais distante dentro do município. Não vejo como convencer a prefeitura a investir aqui, seja por questões econômicas ou políticas.

— Se investirem, ainda correm o risco de perderem votos lá na cidade. O comerciante de lá sabe que, sempre que a gente precisa de alguma coisa, vai comprar em Cambará ou Ourinhos, vai se revoltar contra o prefeito. Não temos muito significado para eles. É uma economia que não traz vantagens ao interesse pessoal dos políticos de Jacarezinho.

— Acho mais fácil conversar com o major, ele tem mais força política e é bastante acessível. Ele já tem escola na fazenda dele, e o filho é o prefeito, vai ajudar a gente aqui. Apesar da gente não fazer parte do município, eles têm nos ajudado. O gasto maior dos colonos daqui é lá em Cambará. Provavelmente a maioria da população de Cambará nem saiba que a gente pertence a Jacarezinho e não vai ver nenhum mal num investimento aqui.

— O gasto que o colono faz é muito pouco em relação ao que é gerado com a produção da fazenda. A maior parte do dinheiro fica em Santos, São Paulo, na ferrovia.

— Sim, mas é esse pouco dinheiro que faz girar a economia local, dar força para a região. Esse comércio é que desperta a atenção de todo mundo que se dirige para cá.

— Movimentando o comércio, o prefeito ganha o voto do comerciante e da população local.

— Concordo e creio que o major tem uma visão semelhante, mas eles não vão pôr dinheiro para construir a escola aqui. Cambará não pode fazer isso, é lei, por dinheiro fora do próprio município.

— O professor não é pago pelo Estado?

— Sim. O que implica que, para o Estado, tanto faz aplicar em Cambará ou em Jacarezinho.

— Muito bem, creio que já tenho as informações que preciso para conversar com o dr. Expedito. Vou estudar bem esses dados e ligo para ele amanhã ou depois. — falou Domício encerrando a conversa.

8.

Logo pela manhã da segunda-feira seguinte, Domício solicitou ao auxiliar do escritório que localizasse o dr. Expedito. Os endereços de residência que distribuía dependiam das pessoas a quem se apresentava, em São Paulo, em Santos, em São Carlos ou, até mesmo, na Fazenda Santo Expedito. Depois de localizado, o administrador solicitou à telefonista de Ourinhos uma ligação telefônica, pois tinha urgência de falar com o proprietário da fazenda. Apesar da insistência, a ligação só foi completada à tarde, encontrando o dr. Expedito no escritório da Companhia Agrícola Santo Expedito, a proprietária da fazenda, em São Paulo.

Domício não fez delongas para entrar no assunto da instalação da escola. Ligações telefônicas não são baratas, poderiam cair facilmente, e, devido a interferências diversas ao longo de todo o trajeto da fiação, a voz nem sempre era clara. A conversa poderia ser difícil, longa e cansativa, o patrão se irritaria e atrapalharia o objetivo.

— Estou estudando a instalação de uma escolinha rural aqui na Fazenda Santo Expedito. — falou Domício logo depois de se cumprimentarem.

— Como? — disse o doutor, quase gritando, já demostrando claramente surpresa, desgosto e agressividade, que intimidariam qualquer um a continuar com a ideia, menos o administrador.

— Isso, instalar uma escolinha aqui na fazenda, igual à que tem na Fazenda Conforto, do major Mendonça. — completou Domício, depois que sentiu alguns segundos de hesitação; na realidade pensava se devia insistir ou não, mas não deixou transparecer essa insegurança em sua fala.

— Não. Escola é responsabilidade do Estado, a fazenda não pode arcar com essas atribuições. — o proprietário apresentou um argumento que o isentava da responsabilidade sobre a educação das crianças.

— A escola do major Mendonça é dentro da fazenda dele e tem um professor pago pela prefeitura de Cambará. Na prefeitura nos comunicaram que isso é perfeitamente dentro da lei. — argumentou Domício, querendo mostrar ao patrão que já tinha pesquisado sobre o assunto e que estava decidido a levar em frente suas intenções.

— Para a prefeitura instalar a escola, eu tenho que doar uma área de terra da fazenda, e com isso eu não vou concordar. Aliás, quem tem que autorizar é o conselho da Companhia, e, com certeza, eles vão ser contra essa ideia absurda.

Por ser uma escola pública, a prefeitura só poderia construi-la em terreno que pertencesse ao município. Teria que comprar uma área dentro da fazenda ou receber a doação de um lote de terra. No primeiro caso, implicava gastos que o político só executaria se tivesse retorno para suas pretensões pessoais. No segundo, ao fazendeiro não interessava ter dentro de sua propriedade uma instituição que não estivesse sobre seu controle direto. Os cafeicultores preferiam arcar com a construção e mantê-la sobre sua autoridade. Domício já tinha conversado sobre isso com Osvaldo, mas, se expusesse tudo isso ao patrão, talvez ele sentiria como uma provocação, porque também sabia disso. Por isso, preferiu sugerir os espaços já existentes, que não trariam despesas para a empresa.

— Nós não temos necessidade de construir a escolinha, já temos espaço suficiente, tanto na igrejinha como no salão de festas. — falou. — É uma questão de escolha.

— Mas a prefeitura, depois de um tempo, pode requerer o espaço para eles. Um próximo prefeito pode implicar com a aplicação de recursos irregulares e exigir o espaço.

— Nós vamos manter toda a infraestrutura, tanto da igrejinha como do salão, sem tirar os móveis de lá. Uma vistoria no local vai concluir que a função primária ainda se mantém e que o espaço é um quebra galho para a escolinha. O argumento deles facilmente cai por terra. Além do mais, eles não vão agir da mesma forma com as outras escolas da região. Não acredito que o major vá permitir isso.

— Quanto vou ter que investir nisso? — perguntou dr. Expedito, tocando num ponto que mais preocupava Domício.

— O Osvaldo e eu calculamos menos de trezentos mil réis, ao longo de todo o ano, para atender vinte e cinco crianças. Isso porque, creio eu, vamos conseguir um professor pago pelo estado. Acredito que teremos facilmente o apoio político do major Mendonça, para conseguir o professor.

— Você já conversou com o major?

— Não. Não conversamos porque pretendíamos ter a sua opinião primeiro. Queria saber também sobre seu tempo, se poderia conversar com ele ou se prefere que a gente faça. Eu sei que o senhor está bem sobrecarregado com os problemas que tem por aí, então a gente poderia fazer isso. Tem que conversar com o major, com o prefeito de Jacarezinho, com o de Cambará, talvez até tenha que ir a Curitiba, para falar com outras autoridades. Isso vai tomar muito tempo, mesmo que seja por telefone, cada conversa pode tomar toda uma manhã e pode atrapalhar muito seu trabalho aí. E é algo que podemos fazer por aqui.

— Se a prefeitura vai pagar o salário do professor, o dinheiro que a gente vai investir vai ser gasto com o quê?

— Os alunos vão precisar de cartilhas, cadernos, lápis, o tradicional material escolar, o que eles precisam para aprender a ler, escrever e contar. Sem isso não tem como funcionar a escola.

— A escola do major fornece esse material? — Dr. Expedito passou a ser menos incisivo em seus questionamentos. Parecia ter percebido que Domício tinha se informado bem sobre os passos e as necessidades para a abertura e o funcionamento da escola. O administrador estava quebrando a resistência dele.

— Sim, ele fornece, inclusive uniforme para as crianças.

— Isso não está incluído no orçamento que você me passou? Ou está?

— Não, nós não incluímos uniformes. Só o que é indispensável. Boa parte do que é usado na escola é o que também é usado no escritório. Talvez no início só seja necessário comprar as cartilhas. O resto tem tudo no depósito da fazenda. Cada cartilha custa mil e quinhentos réis, não é muito.

— Não é só isso que a gente tem que calcular, cada criança será um peão que eu terei que contratar para o período da colheita. Além de ser uma fonte de renda para as famílias durante a colheita, ajudam na manutenção do cafezal e nos trabalhos das roças dos colonos. Não é só o dinheiro investido na escolinha. Eu vou ter que contratar mais famílias para substituir essa mão de obra, eles são importantes tanto para a fazenda como para as famílias. Quantos sacos de café eles colhem? É isso que tem que ser calculado, no investimento da fazenda, para ter uma escolinha.

Dr. Expedito estava exagerando. Ele sabia muito bem que uma criança não colhia o equivalente a um adulto. Também devia saber que nenhuma escola de fazenda atende crianças das colônias; que as crianças que frequentam as escolas das fazendas são as filhas de técnicos, que não trabalham em roças, não cuidam do cafezal e não participam da colheita. Isso acontece com os filhos dos colonos, ou seja, não afetaria em nada a produção da fazenda.

— A ideia nossa, doutor, não é atender a todas as crianças da fazenda, o que é até impossível, elas devem ser mais de trezentas, só em idade escolar. Vamos matricular somente os filhos dos técnicos, que já forma uma turma de umas vinte e cinco crianças.

Construir uma escola pequena, apenas uma sala, e não quatro, como seria o ideal, uma por turma, ou até mais, tantas quanto seriam necessárias para atender a todas as crianças em idade escolar, não economizava só na construção. Juntando todos em uma turma de alunos, contratariam só um professor, economizando em salários, isso se o Estado se negar a designar o professor, então essa contratação somaria como contrapartida da fazenda. Uma terceira vantagem, vista pelos cafeicultores, era, sendo o espaço reduzido, oferecer menos vagas para as crianças, uma boa desculpa, não tem mais vaga, diriam para os colonos, e os mantinham nos trabalhos, nos carreadores e nas roças. Acrescentando a tudo isso, o controle que não perderiam sobre as pessoas e sobre a educação delas, dentro de seus domínios.

— Acontece que, abrindo para uns, os outros também vão querer. Não vejo necessidade de educação para essa gente. Para que eles precisam ler e escrever, se vão trabalhar a vida toda na roça.

— Esse controle a gente tem que pensar depois. Essa reivindicação não vai surgir ao mesmo tempo que a escolinha. Depois vai ser um ou outro. A maioria prefere os filhos trabalhando para eles. Eu acredito que não vai ser um problema, que não tenhamos condições de controlar.

— Eu não vou abrir uma escola, pensando em ajudar as pessoas, para elas virem me dar problemas, não entendendo a ajuda que a gente dá. Se for para causar problemas, eu a fecho imediatamente.

— Estive conversando com alguns técnicos, e eles consideram importante a escola na fazenda, se preocupam com a educação dos filhos. Eu já tenho filho em idade escolar, e minha esposa já questionou sobre a educação deles, já falou em levá-lo para Cambará ou Ourinhos. É uma forma de segurar os bons técnicos na fazenda. São famílias que querem o melhor para seus filhos e estão dispostos a se sacrificar para conseguir.

O patrão demorou um tempo para responder. Num primeiro momento, Domício pensou que ele iria dizer que não podia se preocupar com os técnicos, que seria fácil substituir esse pessoal, que tinha muito profissional bom precisando de emprego. Mas não. Talvez, ao citar sua condição específica, o tenha feito pensar que estava ajudando ao administrador, e não ao pessoal da fazenda como um todo.

— Antes de concretizar a ideia, me comunique sobre os gastos reais. — falou o proprietário depois de um tempo. — Conversa com o prefeito, para saber sobre a possibilidade de a prefeitura pagar o professor. Com essas confirmações, me liga de novo, para ter certeza do quanto a gente vai gastar.

— Ligo. Vou conversar primeiro com o major Mendonça, para obter o apoio político dele, depois com o prefeito, tanto de Cambará como de Jacarezinho. Vou também conferir os estoques no escritório para fornecer o material escolar. Com tudo isso bem definido, eu ligo novamente.

9.

Depois de conversar com o patrão e receber a autorização para a instalação da escolinha na fazenda, uma autorização vaga e muito a contragosto, Domício analisou como seriam os passos seguintes. Já tinha repassado as etapas, primeiro conversaria com o major Mendonça — pois seu filho era o prefeito, mas quem mandava na região, e não só politicamente, era o pai — para então chegar ao prefeito, que era quem deveria confirmar e autorizar a instalação, oficializar o empreendimento. Sua preocupação era como abordaria essas duas autoridades. O filho parecia ter autonomia em relação ao pai, que, por sua vez, parecia nunca interferir nas decisões do filho. No entanto, o administrador tinha certeza de que o prefeito sempre se aconselhava com o pai, antes de tomar suas decisões. Ele não achava errado isso, afinal era uma forma de manter dentro da família a força e o poder na região; uma forma de preservar a própria família.

Quando ligou para o dr. Expedito, Domício imaginou que ele concordaria de imediato com a sua iniciativa, que não colocaria tantos empecilhos, uma vez que, na sua opinião, uma escolinha só valorizaria a fazenda, seria uma construção a mais e uma forma de atrair trabalhadores mais qualificados para a empresa. Além disso, como ele estava em dificuldade no mercado de sacaria, poderia preferir vender a fazenda, valorizada, para sustentar aquela atividade. Mesmo que uma escola não valorizasse a fazenda, a construção já aumentaria o capital. Ledo engano, grande inocência de sua parte. O patrão foi claramente contrário, se desdobrou diante dos argumentos e pareceu torcer para que a empreitada não desse certo. Só autorizou a continuação da ideia quando soube da possibilidade de o administrador deixar o emprego para dar estudos para seu filho. Isso não foi falado diretamente, mas ele entendeu. Não foi totalmente contrário por ver em Domício o lucro que teve, ao longo do último ano, e pelas expectativas de sucesso nos anos seguintes. Se a escolinha seguraria um bom funcionário, por que ser contra? O gasto não justificava ser contra. Que as crianças não iam mais querer trabalhar na roça quando crescer? Sempre vai ter gente que gosta muito mais da roça do que da cidade e que vai trabalhar com muito mais satisfação. Tem medo de que essas crianças vão ser melhor do que ele? Ou do que seus filhos? Que eles venham a ser concorrentes e passem as pernas neles? Isso era um absurdo, burrice. Se a pessoa já estava em condições melhores, econômica e socialmente, era só melhorar também a educação, e estaria sempre na frente.

A esperança de Domício era que o patrão estivesse com bastante trabalho e complicação em São Paulo, para esquecer totalmente sua ligação. Ele, que normalmente não dava bola para o que acontecia na fazenda, que não fosse meter o bedelho justo agora. Bastava uma ligação do patrão ao major para Domício perder a partida. Ou mesmo para algum outro político lá de Curitiba, que ele nem conhecia. Dr. Expedito podia travar tudo, sem ninguém nem descobrir por quê. Poderiam gastar tempo e dinheiro, sem descobrir o que acontecera, e seria a desculpa que ele apresentaria: "Olha aí, está gastando tempo e dinheiro. Os políticos não aceitam uma escola na região. É melhor abandonar a ideia". Agiria como se tivesse se esforçado para que a escola fosse instalada, mas trabalharia por trás para não acontecer; depois, jogando a culpa nos outros, insistiria para que Domício permanecesse na fazenda, que no ano que vem vai dar certo. Mas o administrador não estava disposto a deixar isso acontecer. Foi rapidamente conversar com o major.

Outra coisa é que Domício não pretendia contratar um professor, só se a prefeitura não autorizasse a escolinha, então pensaria no assunto. Ele queria que o filho estudasse em escola oficial. Coisa que ele não teve. Uma vez no quartel lhe perguntaram se sabia ler e escreve, ele respondeu que sim, e lhe pediram o diploma. Ele disse que não tinha, então o puseram do lado dos analfabetos. Só depois, os superiores viram que ele não tinha mentido, e até o deixaram fazer o curso de cabo. Mas ele teve que provar que sabia ler e escrever, que tinha capacidade para fazer o curso. Primeiro, precisou provar que, mesmo não tendo diploma, tinha condições de fazer a prova de seleção para o curso. Então o autorizaram a fazer a prova. Ao longo do curso, todo mundo o olhava duvidando se tinha condições de acompanhar as aulas, se estava entendendo o que o professor falava. Sem diploma, a pessoa tem que provar o tempo todo que é capaz, que não é um ignorante.

Na prática nem sempre é necessário ter um diploma, uma confirmação oficial que a pessoa sabe ler e escrever. Quando ele pediu para fazer o curso de cabo e insistiu que sabia ler e escrever, o mandaram sentar e ler alguma coisa, e ele leu. Depois fizeram um ditado, e ele escreveu. Depois que corrigiram, o deixaram fazer a seleção porque, lhe disseram, que tinha errado menos do que os outros. Se tivesse diploma, não passava por essa humilhação de ser considerado analfabeto. O diploma dá status. Quantas vezes já tinha visto que bastava dizer que o sargento, o advogado ou o patrão tinham diploma, e as pessoas mudavam para uma atitude mais respeitosa, só para ficar na frente do diplomado.

É certo que já tinha conhecido muitos que tinha diploma, mas que não sabiam ler. Já tinha visto as ordens do dia chegarem às mãos dos oficiais, e esses pedirem para que alguém lesse em voz alta e na frente de todos. Tudo bem, pensou que era uma forma de valorizar quem aprendera a ler. Porém, depois viu esse mesmo cidadão ser obrigado por um superior a ler e não conseguir; mais balbuciava, soltava palavras que ninguém entendia, nem ele saberia explicar o que estava lendo, tentava disfarçar seu analfabetismo com um diploma. Em uma oportunidade, o sargento recebeu a ordem do dia e pôs a tropa em ação. De repente chegaram a uma fazenda, e o sargento deu ordem para descansarem. Domício percebeu que o sargento estava nervoso e discutia alguma coisa com o pessoal local. Ele estava perdido. Disfarçando, conseguiu ler a ordem do dia, mesmo na mão do sargento e viu que ele tinha executado ações que não constavam ali. Então o questionou, mas ele alegou que tinha seguido a ordem à risca, que estava tudo escrito ali, ou seja, lera, mas não entendera o que estava escrito. Saber ler e escrever é necessário, principalmente, para entender o que está escrito, e o diploma era essencial para ser respeitado.

Tendo o apoio do major, conversaria com o filho. Com ele tornaria a instituição oficial. Logicamente desejava que a prefeitura assumisse todo e qualquer gasto que seja possível, apesar de estar decidido a pôr a escolinha para funcionar, mesmo que seja no próximo ano, se não tivesse todo esse apoio.

Na tarde do dia seguinte, foi conversar com o major. Escolhera esse momento por considerar que ele estaria em sua casa, se preparando para o descanso do trabalho, depois de ter passado todo o período cuidando de seus afazeres. Ele era muito jovial e gostava de receber pessoas para conversar. Ao chegar, primeiramente se informaria se o major não tivera algum dissabor ao longo da jornada, nesse caso diria que só estava passando por ali, em direção à cidade, afinal a fazenda fica no caminho. Só apresentaria a ideia e analisaria a possibilidade de apoio, se ele estivesse de bom humor. Teve sorte.

— Eu vim fazer esta visita major, porque estou pensando em instalar uma escolinha lá na fazenda e queria saber a sua opinião. — disse, depois de cumprimentá-lo de trocarem algumas ideias sobre as condições internacionais do mercado do café, assunto que tanto um como outro não só tinham interesse, como também dominávamos muito bem.

— Por que você quer instalar a escolinha lá na fazenda? — perguntou-lhe o major, não sem antes pensar um pouco.

Domício percebeu que não teria o apoio do fazendeiro tão facilmente, como esperava. Teria que ter cuidado para mostrar que pretendia uma escolinha bem básica e pequena, que as crianças mal aprendessem a ler, escrever e fazer contas, não mais que isso.

— Meus filhos estão chegando à idade de aprender e tem outras crianças dos técnicos em situação igual. — Quando se argumenta com um interesse pessoal, as pessoas que jogam com a busca do poder imaginam que, favorecendo, ganham um aliado. Nesse caso também se joga, tendo que tomar muito cuidado para não se prender a eles, depois pode até se tornar capacho deles. No momento oportuno, tem que expandir esse objetivo, mostrar que é interesse do outro também, e então não pode vir cobrar depois, ou seja, trabalha-se para o interesse dele também.

— Quantas crianças?

Domício imediatamente percebeu uma possível intenção do major, se fossem poucas as crianças, sugeriria que fossem matriculados na escola de sua fazenda e então resolveria o problema. A distância que as crianças venceriam era pequena, em, no máximo, meia hora. Rapidamente o administrador pensou que talvez ele pudesse acolher uns dez alunos, dificilmente mais do que isso, e teve que citar um número que dificultasse essa solução.

— Eu não fiz um levantamento. Rapidamente, assim, do que tenho observado, calculo que serão umas quinze, talvez próximo de vinte, somando os filhos dos técnicos aos dos fiscais de seção.

O major Mendonça se mexeu na cadeira como quem procura outra posição, em conformidade com seu raciocínio, que tinha que mudar sua linha de pensamento, em função do argumento apresentado.

— Você já conversou com o dr. Expedito? Acha que ele será favorável?

— Já. Conversamos ontem. No início, ele questionou a instalação, mas depois concordou, depois que falei que seria para atender só os filhos dos técnicos.

— Mas você me citou também os filhos dos fiscais?

— É para segurar os melhores profissionais na fazenda, o senhor sabe. Ontem mesmo eu perdi uma excelente família, oito enxadas. O pai, que veio da Itália, era sapateiro lá. Agora o filho mais velho levou todos para montarem uma sapataria em Cambará. Eu questionei, falei se todos vocês vão trabalhar pra consertar sapatos, não vão sobreviver, não tem tanto sapato assim para consertar. Eles me disseram que até fabricam sapatos e que pretendiam mudar para pôr as duas crianças, já em idade escolar, para estudar no Grupo Escolar Generoso Marques, do governo. A fazenda perdeu oito bons profissionais de uma só vez, sem contar os filhos, que se formam com a mesma competência dos pais e que estão indo para outras profissões. Perdeu, e uma das razões foi a falta de escola.

— Os pais já eram alfabetizados?

— Sim. Os avós vieram da Itália com diploma. Se inscreveram como colonos para terem a autorização da emigração, mas lá moravam em cidade e já tinham estudos. Aqui, conseguiram que os filhos estudassem.

— Você disse que o dr. Expedito deu a autorização a contragosto. Será que ele vai mesmo deixar a escola funcionar? Se a produção de café cair, ele vai impedir tudo que atrapalha o trabalho dos colonos. A escola vai ser a primeira que ele vai cortar.

— Major, a Fazenda Santo Expedito estava com baixa produtividade fazia vários anos, bem abaixo da média das fazendas da região, o senhor sabe. Este ano, que foi talvez a safra mais excepcional que já tivemos no Brasil, a Santo Expedito igualou a média da região. Esteve longe de se igualar com a sua, mas fez inveja a muitos outros. E posso dizer, com orgulho, que foi minha essa vitória. O próximo ano, seguindo a alternância do ciclo do café, será naturalmente de baixa produção. Faço aqui uma afirmação para o senhor, a Santo Expedito vai ultrapassar a produção deste ano. Ainda teve muito colono que não se dedicou aos cuidados do cafeeiro ao longo do ano, mas que, a esta altura, viu que perdeu produção, e por descuido próprio. Nessa hora, estão vendo que aqueles que se dedicaram ao cafezal, como deve ser, tiveram ganhos muito maiores ao final da safra. Agora tenho argumento para pôr todos os colonos para trabalhar no carreador como deve ser.

— E quantos vão fazer como o sapateiro, ajuntando o dinheiro, vão embora para montar um negócio próprio?

— Se tivesse escola na fazenda, será que iriam embora? O dinheiro que eles ganharam foi ali na fazenda, já estavam acostumados com a labuta da roça, além de consertarem muitos sapatos ali na colônia, aumentando seus ganhos. A fazenda nunca impediu isso. Sustentavam a família e ainda sobrava um pouco de dinheiro. Poderiam até montar uma fabriqueta de sapatos, desde que não atrapalhasse os trabalhos no cafezal. Agora foram para um negócio que não sabem o quanto vão ganhar. Quanta dificuldade vão encontrar no início? Na fazenda eles teriam uma renda para sustentar essas dificuldades iniciais. Será que o que os motivou mudarem não foi a escola para os filhos?

O major percebia que os argumentos de Domício eram seguros e que o administrador tinha razão. A imigração brasileira exigia que o imigrante fosse colono, que viesse para trabalhar na lavoura de café. No entanto, devido às condições econômicas difíceis que muitas famílias enfrentavam em seus países de origem, mesmo não sendo colonos, ou por espírito de aventura, alegavam que eram agricultores e eram aceitos para embarcar. Assim como o sapateiro, muitos outros profissionais especializados, tais como ferreiros, marceneiros, açougueiro, até mesmo com alguma formação escolar profissional, como parteiros e farmacêuticos. A avó materna de Domício era parteira lá na Itália e, como o marido quis vir para cá e se apresentou como colono, ela, simplesmente, o acompanhou. A maioria desses artesãos tiveram a sua alfabetização em seus países de origem e sonhavam condições melhores para seus filhos. No entanto, muitos perceberam que, mantendo seus filhos na roça, estavam piores do que suas situação na Europa. Então permaneceram nas fazendas até acumularem economia suficiente para se mudarem para a cidade e instalarem seus próprios negócios, na área que tinham conhecimento. De um lado, o país ganhava mão de obra em atividades que não tinha e eram necessárias para o dia a dia da população, e, de outro, a cafeicultura perdia, provavelmente, os melhores trabalhadores.

O major parecia analisar mentalmente a pergunta que Domício tinha feito. Se tivessem escolas para os filhos na fazenda, será que iam embora? Quantos desses profissionais eram úteis nas próprias colônias das fazendas de café? Quantos colonos perdem tempo tendo que ir para a cidade consertar ou comprar um sapato? Ele mesmo usava um barbeiro da sua fazenda, e sua esposa, nas emergências, uma cabelereira italiana, também moradora da colônia. Qual a fazenda não tinha uma atafona ou um alambique, tocado por algum profissional, que trouxera o conhecimento de sua terra natal? Esses profissionais eram obrigados a trabalhar no cafezal para viverem nas colônias e terem seus sustentos. Ali não viam perspectivas de melhorias de vida para suas famílias, não tinha como segurá-los. Domício não sabia se as escolas seriam a solução, mas acreditava que ajudariam.

O major também se encontrava em uma situação de insegurança. Domício sabia que a maioria dos cafeicultores era contra oferecer educação para o colono. Para atingirem a maior produção possível, tinham que manter toda a mão de obra disponível nos grupos familiares, trabalhando no cafezal, cada um tinha que render o máximo que o contrato estipulava, e uma escola os desviam dessas atividades. O major já abrira uma escolinha em sua fazenda e era alvo de críticas de toda a classe de fazendeiros da região. Assim como o primeiro soldado que sai da trincheira para avançar sobre o campo inimigo é o primeiro alvo que pode ser derrubado, ele já estava no campo inimigo, mais soldados que saíssem das trincheiras, dispersariam o alvo diante do inimigo, e ele poderia encontrar espaço para avançar. Ele, provavelmente, acreditava que a educação traria melhores condições de vida para a população e, com isso, mais produção agrícola e um produto de melhor qualidade. Domício, a sua frente, parecia ser um soldado que sabia caminhar entre minas e tiros no campo neutro, em direção às trincheiras adversárias e acreditava que, naquele momento, estava sendo visto como um bom aliado.

— Como você pensa em financiar e manter a escola? — perguntou o major, agora mudando seu tom de voz, deixando de lado a postura agressiva, de quem é contra a instalação da escolinha. — Você vai ter que construir a escola, contratar um professor, vai fornecer o material escolar para as crianças?

— Eu não penso em construir, mas usar o que já temos. — respondeu o administrador mais descontraído. — Creio que o salão de festas é um espaço bom para uma escolinha. Nosso marceneiro já me disse que tem condições de fazer mesinhas e cadeiras para as crianças. Quanto ao material escolar, também já temos um bom estoque no depósito do escritório. Só vai ser necessário comprar as cartilhas. O mais complicado é o professor e, por isso, vim aqui conversar com o senhor. Tenho que falar com o prefeito de Jacarezinho e queria seu apoio.

— Não vai ser fácil convencer o prefeito a mandar um professor para cá. O que você pode oferecer para a prefeitura de Jacarezinho?

— A Fazenda Santo Expedito é uma das maiores do município de Jacarezinho, se não for a maior. O aumento da produção da última safra foi muito significativo para a arrecadação da prefeitura. Eu só posso oferecer manter essa produção, enquanto estiver à frente da administração da fazenda. Fora isso, não posso forçar os colonos a fazer compras no comércio de lá. Por isso, considero seu apoio político o mais importante.

Novamente o major se deteve um tempo, pensando antes de responder ou dar uma solução final à conversa.

— Vou conversar com meu filho sobre o assunto e ver o que podemos fazer. Você me garante que já conversou com o dr. Expedito e que ele foi favorável?

— Sim, ele me deu carta branca para pesquisar a instalação. Fiquei de ligar novamente para ele, assim que tivesse todo o cálculo dos gastos. Falei que conversaria com o senhor. A posição dele é que, desde que não tenha muito gasto, ele não é contra.

— Vou apoiar a sua ideia. Em breve terei um encontro com o prefeito de Jacarezinho e vou pedir a ele para oficializar a escolinha e indicar um professor para a fazenda. Assim que eu tiver alguma novidade, te comunico. — dizendo isso, o major se levantou, dando sinal de que estava encerrando a conversa, e Domício voltou para a Santo Expedito.

PARTE III

PARA QUE SERVE A ESCOLINHA?

10.

"Onde terá se metido esse menino? Já caminhei por quase toda a extensão do rio Paranapanema e não o encontro. Onde terá se metido? Já fui e voltei, daqui da ponte até lá no banhado e nada dele. Onde posso encontrá-lo? Já perguntei a todos os pescadores que encontrei e nada, ninguém o viu por perto, nem passando por aí. Bem, se ele não esteve por aqui, melhor, pelo menos não está pescando ou pulando na água para nadar. Este rio é muito perigoso, é a região mais perigosa da fazenda. Se eu não estou vendo a criançada que vive nadando por aqui, ele também não esteve aqui. Será que se esconderam de mim, quando eu passei? Não, não pode ser. Os pescadores mais velhos teriam me avisado, eles não podem proteger as crianças, mesmo que não fosse em situação de perigo, é um mau exemplo. Apesar de que, se estão pescando em hora de trabalho, pode-se esperar tudo deles. Deveriam estar aproveitando o dia para trabalhar nos pés de café ou nas roças? Perdem o tempo com pescaria, coisa que podem fazer melhor a noite. Ainda ficam me olhando, me censurando por caminhar rápido, fazer barulho, fazer as perguntas, espantando seus peixes. Não me acanham não. Queria é espantar todos, até vocês, para que não fiquem aí atraindo as crianças para os perigos do rio."

— A senhora está procurando seu filho? — parou e perguntou uma senhora, quando Bianca se dirigia para a estação de trem.

— Sim. — respondeu aflita. — A senhora viu meu filho? A senhora conhece ele?

— Conheço. Eu vi ele no meio dos meninos que foram lá pros lados da colônia dos japoneses. Devem estar por lá agora.

— Mas o que eles vão fazer lá?

— A senhora não sabe? Vão ver os japoneses tomar banho na frente da casa.

— Tomar banho na frente da casa? Como assim? Tem banheiro fora?

— Não. Montaram lá um tonel com água, fazem uma fogueirinha embaixo, e tomam banho ali, na água fervendo. Diz que é costume lá na terra deles.

— Mas na frente de todo mundo! Toma banho de roupa?

— Não, eles tiram a roupa pra entrar na água. Imagine só, na frente de todo mundo tomar banho sem roupa. É uma pouca vergonha.

— Mas sem nada? Na frente de todos?

— É. — respondeu a mulher. Ela até tentou prolongar a conversa, falou sobre seus filhos, que também iam lá, incluindo os mais velhos. Que tinha que estar muito atenta, pois até o marido queria ir ver e ela já tinha brigado com ele. Bianca já tinha ouvido falarem sobre esse costume que os japoneses têm de tomar banho pelado, mas não acreditava, ainda mais na forma que diziam.

Já era tarde. Não ia até a colônia dos japoneses, que ficava muito longe. Tinha mais o que fazer em casa. O melhor era voltar e conversar com Domício sobre as saídas do Artur. Também sobre essa história dos japoneses. Logo ele chegaria para a janta. Então procurou encerrar a conversa com a mulher e se afastou pedindo desculpas. Por onde andaria o menino? Com que companhia estaria se metendo, nunca se sabe. Pode acontecer de tudo, ainda mais quando há a oportunidade de alguma maldade. Se as mulheres dos japoneses também tomavam banho nuas, na frente de todo mundo, não custava nada os homens, vendo uma criança, quererem se aproveitar. Domício tinha que ficar atento a isso. Sendo ele administrador da fazenda, poderia proibir isso. Se é ou não costume deles, não é a questão, eles estão no Brasil, aqui isso tinha que ser proibido.

Já fazia tempo que Artur ganhava a liberdade de sair de casa sem avisar. Antes ele até saía, mas ficava por perto e voltava logo. Agora parecia que já é grande, adulto. Os pais tinham que arrumar alguma coisa para ele fazer, para não ficar vadiando pela fazenda.

11.

Normalmente, quando Domício chega para o jantar, entra cantarolando ou assobiando. Essa é sua forma de comunicar a todos na casa que ele chegou. Ao ouvi-lo, Bianca corre para ajudá-lo a tirar as botas, enormes, que chegam até quase o joelho; ele senta-se na poltrona da sala e os filhos, que formam uma pequena escadinha de três degraus: o Artur com seis anos, a Augusta com quatro e o Ângelo com três, o arrodeiam em festa, tentando ajudar a mãe na tarefa. Tinha ainda a Terezinha, com três meses, que, lógico, ficava na cama dormindo.

Logo que ele a viu se aproximando, notou que o lenço na cabeça envolvia mais do que seus cabelos. Bianca sempre usava o lenço envolvendo todo o cabelo. Como eram longos, era muito prático para não atrapalhar no serviço. Nesse dia, ela se aproximou com o lenço cobrindo quase toda a testa e ainda escondendo parte dos olhos. Era uma forma de avisar as pessoas que queria se isolar, um aviso que dava quando estava preocupada, pensando em alguma coisa séria, e não queria ser atrapalhada em seus pensamentos; precisava se concentrar. Por causa do trabalho, não podia parar, se retirar para o quarto, para tentar encontrar a solução dos problemas que apareciam; então mostrava que não queria conversar, escondendo os olhos, mas sem atrapalhar no serviço. Continuava fazendo suas coisas e concentrada em seus pensamentos.

Como as crianças estavam à sua volta, muito agitadas com a chegada do pai e suas brincadeiras, ele as estimulava a puxar a bota, tentando tirá-la. Aí provocava: "mas você não tem força suficiente; deixa o outro fazer; vem cá você, ajuda ele; hiii, tá fedendo chulé". Ficavam nessa brincadeira uns quinze minutos, uma festa para elas. Naquela algazarra, não conseguiriam conversar. Ela preferiu não expor o problema ali. Ele deve ter notado a ausência do filho mais velho, pois olhou os dois ali presentes e depois para a esposa, como a perguntar se era com o Artur que estava preocupada. Ela voltou para a cozinha e o deixou entretido com as crianças.

Após fazer sua toalete, renovado com o banho, Domício se aproximou do fogão à lenha e abriu algumas panelas para sentir o aroma que a comida exalava. Não era para abrir seu apetite, porque isso ele tinha de sobra, próprio da quase totalidade dos trabalhadores de roça. Ele era um bom garfo, sabia apreciar um bom tempero, era um grande admirador da comida da esposa, tanto que não aceitava outra pessoa cozinhando em casa, nem gostava de comer em restaurante ou, até mesmo, em outras residências.

— O que tem mulher? O que está te incomodando? — perguntou ele após se sentar à mesa, vendo que ela permanecia retraída, com aquele lenço incriminador sobre a testa.

Bianca não respondeu de imediato. Ainda pensava em como abordar o problema, inclusive na frente das outras crianças. Transferiu uma ou outra panela do fogão para a mesa, antes de se manifestar. Ele ficou a observando, imaginou que a coisa era séria, se não fosse tão séria, ela tinha falado assim que ele voltara do banheiro. Bianca aguardou que ele fizesse seu prato, que as crianças se acomodassem em seus lugares, fez o prato para o menor e orientou a mais velha a fazer o seu.

— Cadê o Artur? — ele perguntou, uma vez que ainda não aparecera para o jantar, coisa rara de acontecer. Artur tinha puxado pelo pai, em matéria de apetite. Nesse momento ele se deu conta de que o assunto que a afligia era esse, a ausência do filho.

Artur não é um menino apegado às coisas da casa, incapaz de permanecer muito tempo trancado entre quatro paredes, seja de um quarto ou de uma sala bem ventilada, brincando com um irmão, fazendo algum trabalho simples, como ajudar aos pais ou cuidando de um dos menores. O estilingue foi o primeiro brinquedo a que ele se apegou; queria acertar pedras nas galinhas, a mãe disse que não podia, fazia os bichinhos sofrerem; depois entrava nas matas para caçar passarinhos. Na primeira vez que contou ter matado um, a mãe perguntei "Cadê, quero ver?", ele respondeu que tinha perdido lá no meio do mato. Ela chamou atenção dele, que não se devia matar passarinho; que era mais bonito ouvi-lo cantando do que morto e inerte. Que o estilingue era só para diversão, pôr um toquinho lá adiante, mirar e acertar, derrubar o toquinho. Apostar entre amigos quem acerta mais.

Até aquele momento, ele estivera sempre acompanhado de um adulto quando saía para longe de casa, alguém de confiança, que, ele sendo criança, também confiava, sentia a precisão de se apoiar, de ajudar a fazer as coisas. Ou ficava próximo de casa, onde sabia que a mãe sempre estaria em condições de vê-lo e o proteger. Mantinha-se sempre a uma distância tal que conseguia ver a casa ou ser visto por quem lá estivesse.

Educar uma criança é uma coisa difícil, principalmente o filho mais velho, pois os pais ainda não têm experiência, estão aprendendo. Bianca e Domício tinham seus pais por perto, mas parecia não ser suficiente, parecia faltar alguma coisa, falta para orientá-los. No caso de matar passarinho, ela tinha dúvidas se o filho não estava fazendo escondido. Então pensava estar educando, ensinando alguma coisa em que acreditava, mas o filho, que ouvia tanto dos outros meninos matarem passarinhos, tinha que fazer o mesmo para contar suas histórias, por isso fazia escondido. Eles não conseguiram o convencer do porquê não se deve matar passarinho, de que isso não fazia ele, nem ninguém, ser melhor do que os outros.

Domício estava sempre envolvido com a administração da fazenda, não sobrava muito tempo para acompanhar o filho, e ele nem era muito apegado a caçar e pescar, o que mais prendia a atenção do menino. Quando levava o filho para aprender algum trabalho com ele, a criança logo se desgarrava. Um cavalo que chegava ou uma carroça que saía chamava a atenção dele, e, na sequência, um pequeno movimento na mata por perto atraía o menino para se distrair por ali. Em pouco tempo, o pai desistiu de levá-lo para o escritório na tentativa de atrair seu interesse para aquelas atividades.

Agora ele chegara a uma idade de querer sair mais, ir mais longe, ganhar o mundo. Com o crescimento, desenvolveu segurança e começou a dar alguns passos a mais, mas sempre sabendo de que lado ficava a casa e facilmente poderia voltar. Parecia ter aprendido a mapear a região e assim sabia voltar, independentemente de onde estivesse na fazenda, já sabia onde estava, de que lado ficava sua casa e como voltar para ela. Era o momento em que os filhos se maravilham com o mundo e com sua independência, que os pais passam a perder o controle sobre eles, que as coisas da rua passam a ser mais importantes do que as de casa; até mesmo a palavra de um desconhecido pode ter mais influência sobre eles do que a dos pais.

— Ele saiu de casa hoje à tarde e até agora não voltou. — respondeu Bianca à pergunta de Domício, o que o fez perceber que ela estava bastante nervosa.

— Saiu? — ele falou, parecendo não ter entendido o que ela havia dito. — Não voltou até mesmo para o jantar? Para onde ele foi? Como? Você mandou ele fazer alguma coisa? Onde ele foi?

Apesar de as perguntas de Domício aparentarem preocupação com a ausência do Artur, Bianca achava que não era a ausência do filho que mais chamava atenção dele. Para ele o fato de o filho ter apenas seis anos, completados no início do ano, de já ter anoitecido e de desconhecerem onde a criança estava era uma preocupação menor. Ele era o administrador da Fazenda Santo Expedito, onde moravam, por isso seus filhos eram conhecidos de todos os moradores, e todos tinham uma atenção especial com eles. Dificilmente poderia ter acontecido algo grave com o Artur que já não tinham sido comunicados. Na visão dele, os filhos, principalmente quando ainda crianças e morando com os pais, deviam estar sempre à mesa nos horários das refeições. Sua preocupação era essa ausência, pois achava um desrespeito para com a família e com os mais velhos, e cabia a ele, pai, ensinar aos filhos essa responsabilidade.

— Ele tem ido com outros garotos lá na Colônia Japonesa. — falou Bianca um pouco nervosa.

— Sim. Mas foi por alguma coisa que você mandou ele fazer? O que tem isso? Por que você está nervosa? — ele respondeu com algumas perguntas, demostrando não entender o porquê de ela estar tão nervosa. Pelo menos sabiam onde a criança estava, isso parece que o acalmou um pouco, e ele pôs as primeiras garfadas de comida na boca.

Toda a educação de uma criança começa em casa e depende de como os pais dão as orientações. Ainda muito cedo, tudo aquilo que nos envolve, chama atenção daqueles olhinhos. Eles querem pegar, sentir, pôr na boca, e os pais vão dizendo que pode ou não pode, e a inteligência se aguça e se desenvolve. Logo recebem a influência das pessoas com quem convivem, falam, ajudam, querem até mesmo colaborar na educação dos filhos, e os pais já não têm mais como controlar o que entra para aqueles ouvidos e olhos e o que acontece naquela cabecinha. Só sobra acreditar que o que ensinaram é o suficiente para eles se manterem dentro dos preceitos religiosos e morais.

Conforme vão crescendo, seus passos vão se distanciando de casa, que vai se tornando menor para suas vistas, talvez isso signifique perda de importância. Até o dia em que vai desaparecer na curva de uma estrada, no emaranhado de uma vegetação ou na descida de uma colina, no vale vizinho. Quando começam a circular sozinho, tomam conhecimento de outros espaços, outras realidades e outros pequenos iguais. Sua cabecinha, no início, tem dificuldade de compreender todas essas novidades sem sua casa, sem seus pais e familiares. Comparam os espaços, tentam entender os fatos, curioso, criam os amiguinhos, com quem passam a trocar informações, se deslumbram com tudo que encontram, percebem um mundo muito além de si mesmos. Fascinados, mergulham com todo seu ser, que até parecem esquecer seu passado, com essas companhias, indo naturalmente para distâncias maiores em relação à casa, podem até parar entre um passo e outro, olha para trás, às vezes para verificar se está sendo seguido, outras, para guardar o caminho percorrido, mas sentem-se encorajados a continuar. Depois de duas ou três vezes que voltam para casa com sucesso, sua autonomia ganha confiança, seja em si mesmos ou em seu grupo de acompanhantes. Com o tempo, exploram mais e aumentam o seu entorno, se maravilham com seus novos conhecimentos e encontram maior liberdade para seus atos. É a meninice sorrindo para a infância.

Bianca via o filho se distanciando de seus olhos, sempre o quisera e o imaginara perto dela, sob seus cuidados, sua proteção e responsabilidade. Se, de um lado, esse novo filho que desabrochava a deixava contente, vendo-o crescer e adquirir autonomia, por outro a deixa apreensiva, se perguntando a todo momento o que ele estaria fazendo, se não estaria correndo perigo ou se envolvendo com alguma artimanha irresponsável. Era o primeiro filho a atingir essa idade, e isso a deixa ansiosa. Ficava pensando até que ponto devia controlar suas saídas ou incentivá-lo a sair.

Enquanto ele esteve ao alcance da sombra da casa, foi dela a responsabilidade de todos os cuidados, mas agora, a busca de sua autonomia, distanciando-se de seus olhares, a obrigava a envolver mais seu marido nessas responsabilidades.

— Ele foi lá... Não estava todo mundo tomando banho lá? Foi lá... — respondeu bastante encabulada. Ela não conseguia contar ao marido a realidade que via, porque não conseguia usar a palavra pelado ou nu diante dele, palavras que o pudor a impedia de falar. Também não encontrava outras formas de contar que muitas crianças da fazenda estavam indo à colônia para ver os japoneses tomarem banho em tais condições, ao ar livre.

Os colonos japoneses tinham chegado recentemente, umas vinte famílias. A fazenda construiu uma colônia específica só para eles, bem às margens de um ribeirão, como normalmente são as colônias. Segundo ela tinha se informado depois, assim que eles se sentiram bem instalados, conseguiram um tonel de duzentos litros e improvisaram aquela forma diferente de tomarem banho, ao ar livre; como diziam, era uma tradição no país deles. Domício lhe disse que já ouvira falar sobre isso e que estava discutindo com os técnicos como solucionar o problema.

— Ah, bem. — ele respondeu e deu uma risada entre encabulada e satisfeito.

Para ele, como os homens sempre pensam, não é exatamente errado o filho querer ver as mulheres peladas. Afinal, eles querem que o filho seja homem, esse é o caminho que todos desejamos para nossos filhos. Como pai, sentia até orgulhoso do interesse do filho.

— Ele fugiu de casa, não comunicou a ninguém para onde iria, nem o que foi fazer. — disse então ela, quando percebeu que o caminho da conversa tinha que ser outro e que era sério. — É perigoso ficar rodando sozinho por aí, muita coisa pode acontecer.

Toda criança deve ter obrigações perante os pais. Na idade que Artur estava, ele não pode sair livremente. O rio era grande e caudaloso, as matas muito próximas e perigosas, as maldades circulavam por todos os cantos, e ele podia ser alvo de muita inveja, principalmente por ser o filho do administrador. Todos esses perigos eram do conhecimento de Domício. Ela sentiu que naquele momento chegara a hora em que ele devia aumentar a sua responsabilidade de pai, o que o obrigava a aumentar a sua dedicação para a formação do filho. Chegara a idade de ensinar para ele os conceitos éticos, a conhecer os limites de uma convivência fora da família.

— Vou conversar com ele. — Decidiu ele.

— Ele ainda é uma criança e não sabe muito das coisas. Foi lá por curiosidade, mas não é certo. — ela colocou para não deixá-lo tão preocupado e atrapalhá-lo em suas atividades.

— O que você fez, falou com ele, bateu nele?

— Não. Fiquei sabendo disso agora à tarde. Ele está chegando numa idade que não se contenta mais em ficar só em casa, quer sair, conhecer outros lugares. Como já sabe sair, andar e voltar para casa, pensa que pode ser independente. Ele vê os outros meninos, os filhos dos colonos, que rodam livremente pela fazenda, e quer acompanhar.

— Ele não pode, pura e simplesmente, sair e não ter hora para voltar. Tem que aprender a ter hora para as coisas, tem uma família com quem vive e precisa aprender a respeitar os horários da casa.

— Acho que a gente deve começar a pensar em uma escola para ele, já está chegando na idade.

12.

Aquela frase pegou Domício de surpresa, ele sabia que isso iria acontecer, mas não imaginava que o fosse tão cedo, por isso deixava sempre para pensar no assunto outro dia.

— Ele está com apenas seis anos. — disse, sem muita convicção, depois de suspender a garfada em seu devido caminho e repousá-la em sua origem. Pensou um pouco e acrescentou: — As crianças começam a frequentar a escola com sete ou oito anos.

Qual a idade ideal para uma criança começar a estudar? Ele tinha oito anos quando começou a frequentar a escolinha da fazenda onde moravam em Pirassununga, em 1906. No entanto, seus pais logo perceberam que naquela escola seus filhos nunca aprenderiam o básico necessário para a vida, mal aprenderiam a ler e escrever; quanto à matemática, talvez nem aprendessem a tabuada do um, ou até mesmo o que é uma tabuada. Professor era coisa rara na escolinha, aparecia só esporadicamente, os proprietários e administradores da fazenda tinham coisas mais importantes para fazer do que cuidar de crianças. Para suprir a necessidade, seu pai contratou um professor da cidade. Ele e seus outros três irmãos, aqueles com mais de seis anos, sentavam-se em volta da grande mesa de refeições, e o professor se punha à cabeceira; aprendeu a ler e escrever na cozinha de sua residência. Enquanto tinham suas aulas todos os dias, seus pais, que iam para a roça antes do nascer do sol e só voltavam quando esse já tinha ido descansar, só viam o professor em dia de pagamento, mas o docente estava sempre ali, todos os dias.

Bianca fez acender uma lâmpada na cabeça do marido, pôs para ele uma preocupação que tinha de ser dos dois; estava na hora de os filhos começarem a aprender a ler e a escrever. Se ele iniciara a escola com oito anos, uma de suas irmãs tinha apenas seis à época, e a de quatro anos ficava junto à mesa com papel e lápis rabiscando, imitando os mais velhos, como se estivesse aprendendo. A questão não era a idade.

— Onde nós vamos colocá-lo para estudar? — ele então perguntou. — Em Cambará tem o colégio estadual, ele pode ir e voltar todo dia a cavalo.

— Acho um pouco perigoso ele fazer todo dia este trajeto sozinho. — argumentou a esposa.

Bianca se considerava uma mulher bastante observadora. Independentemente de serem fatos do dia a dia ou de só aparecerem de vez em quando, as pequenas coisas da vida ou de significado geral, estava sempre atenta. E o que mais lhe chamava atenção em seus filhos era o crescimento deles; o comportamento e a transformação que aconteciam com eles. Como mãe, o que mais queria era que fossem mantidos sempre à sua volta. No entanto, sabia que, conforme crescessem, todos iam buscar sua independência e liberdade, e isso, por mais que tivesse dificuldade de admitir, acabava sendo o que desejava para eles.

Ela já sentira a diferença que os estudos faziam na vida de uma pessoa. Via que a maioria das crianças que aprendiam a ler e escrever não ficavam nas fazendas, eram enviadas para fazer mais estudos nas cidades. Quem ocupava cargos de mando, fosse nas fazendas ou nas cidades, era sempre gente letrada. Por isso, queria que todos os filhos estudassem, pois só assim teria esperança de que eles não voltariam à vida de colonos, que já tiveram e que ainda tinham muitos da família. Se progredissem nos estudos, talvez até deixariam aquele ambiente de violência da maioria das fazendas, onde as pessoas matavam sem muita pergunta ou justificativa.

Ela tinha aprendido a ler e escrever em casa, orientada pelos pais. Desde muito pequena, mostrava capacidade de desenho, via as letras nos jornais e nas revistas e desenhava. Depois perguntava para os mais velhos o que significava aqueles desenhos. Chegou a repetir os desenhos com espinhos de laranjeira em folhas de café. Mas, quando lhe perguntavam se sabia ler e escrever, dizia sempre que era analfabeta; tinha vergonha do que achava garranchos e da gagueira para ler. Não queria isso para os filhos, passar vergonha por uma coisa que todo mundo devia saber.

Sua preocupação de ele ir todo dia a cavalo era por ser alvo fácil para os mal-intencionados. Talvez ele nunca enfrentasse algum problema, no entanto bastaria um encontro com um malandro para ser fatal; esses perambulavam pelas estradas do sertão, muitos andavam pelas matas, de caminho em caminho, e nunca eram vistos ou encontrados.

— Talvez seja melhor ele ficar durante a semana na casa de minha irmã, onde tem os primos com a mesma idade e que estudam no mesmo colégio. — disse Domício, não com muita pressa, dando tempo para engolir a garfada mastigada com calma.

— Mas... — Bianca estava com receio de dizer o que realmente pensava.

— Ou você prefere que ele vá para a casa de sua mãe, em Ipaussu?

— Eu não queria que ele ficasse longe de casa.

— Em Cambará será mais fácil um contato, é muito mais próximo.

— Você pode abrir uma escolinha aqui na fazenda. — argumentou ela ainda com receio da reação do marido. — Tem bastante criança solta por aí, já em idade escolar.

Ele ficou pensativo, parecia dar mais atenção aos pensamentos do que à comida; suas mastigadas tornaram-se ritmadas, parecendo cadenciar o raciocínio.

— Posso estudar essa possibilidade. — falou, depois de um tempo, como se ainda estivesse pensando.

— O Osvaldo pode ajudar bastante, ele deve saber o que é necessário para abrir uma escola na fazenda. — ela disse, referindo-se ao guarda-livros da fazenda.

— Vou ver o que a gente pode fazer. — o marido respondeu, parecendo ter tomado uma decisão.

No final do século dezenove, as fazendas de produção de café ultrapassaram o Rio Paranapanema, derrubando as exuberantes florestas e se instalando nas terras roxas do Estado do Paraná. Por ser uma ocupação recente, toda a infraestrutura da região era deficiente e muito inferior à dos municípios do outro lado do rio, no Estado de São Paulo. Outro agravante era o distanciamento do centro político do Estado. Estavam muito mais próximos do estado vizinho, ficando quase esquecidos pela capital e pelos governos em Curitiba.

Com o interesse quase só de produzir café, os proprietários das fazendas raramente investiam em outras coisas que não sejam para esse fim. Uma escolinha, por mais indispensável que fosse para uma comunidade, nunca era vista como útil para a produção rural.

Como esposa, Bianca se dedicava totalmente aos filhos e ao esposo, no espaço do lar e do entorno dele. Sua preocupação era oferecer o melhor possível para todos eles, o bem-estar, a alimentação, o carinho. Tudo que estava ao seu alcance fazia da melhor forma possível, independentemente de qualquer retorno que tinha e sem reivindicar nada em troca. Mesmo que fosse uma pessoa que parecia muito restrita aos afazeres domésticos, estava sempre atenta aos acontecimentos na fazenda, pois era onde viviam e onde o marido trabalhava. Logicamente buscava se inteirar de tudo que acontecia por ali, com os que viviam e circulavam à sua volta, os conhecidos e os parentes, principalmente sobre os casos que envolvem a administração. No entanto, não desejava essas informações para discutir com ele, isso era assunto dele e de seu conhecimento. Ela queria saber essas coisas para ter uma noção sobre os perigos pelos quais ele podia estar passando, o que aumentava ou diminuía sua apreensão.

Quando ouvia a voz do marido chegando, fazia suas orações de agradecimento pelo seu retorno, o que considerava uma benção de Deus. A partir do momento que ele entrava, evitava conversar sobre assuntos que pudessem ser mantidos no exterior daquelas portas. Em sua consciência, era responsabilidade dela conduzir a casa, tornar esse ambiente agradável para todos que ali viviam, para que se desconectassem dos acontecimentos externos, quando se estava em família.

PARTE IV

COMO TER A ESCOLINHA?

13.

Na última semana de janeiro, um cidadão chegou a cavalo, apeou diante do escritório da Fazenda Santo Expedito e perguntou por Domício. Era comum viajantes, circulando pelas estradas entre as cidades, pararem em qualquer ponto de sua trajetória, faziam algumas perguntas, pediam alguma necessidade e seguiam em frente. Isso era tratado por todos com naturalidade, sem qualquer desconfiança ou receio de alguma ameaça a segurança local. Quando ocorria fuga de algum preso, que se tornaria um perigo para as pessoas, a notícia era mais rápida do que o próprio fugitivo, e todos ficavam em alerta. Então o bom tratamento com desconhecidos desaparecia. No caso, a pessoa não buscava informações sobre uma direção a seguir, sobre terras, emprego ou pedia alguma coisa como uma água para beber. A pergunta foi bastante específica e exigiu maior atenção. Ele foi encaminhado para a sala do administrador que o recebeu, respondendo ao cumprimento e se pondo ao seu dispor.

— Eu sou o professor Evaristo de Mello. — se apresentou o visitante. — Fui indicado pelo governo para ocupar o posto de professor aqui na Fazenda Santo Expedito.

Dizendo isso, entregou a Domício uma página de jornal com a publicação do decreto do governo do Estado, determinando sua transferência da escola da Fazenda Sossego, vizinha da Santo Expedito, para esta fazenda. Foi nomeado, em caráter provisório, como professor-regente.

Domício o observou com simpatia. Era ainda jovem, tendo aparentemente menos de trinta anos, sorridente e descontraído. Foi educado e usou um vocabulário técnico, o que o agradou, apesar de não ter entendido tudo o que dissera.

— O que é um professor-regente? — perguntou Domício, um pouco desconcertado, pois não estava preparado para recebê-lo. Não imaginava que o governo indicaria o professor em tão pouco tempo e não fora avisado sobre a indicação, apesar de ter feito o pedido junto ao prefeito.

— Um professor-regente está sob a supervisão de outro professor, também nomeado pelo Estado. — explicou o professor.

— Mas no jornal diz que você também é nomeado. — argumentou Domício.

— Sim, eu tenho a impressão de que a escolinha aqui não é do Estado, o que implica que o governador não nomeou um professor, e sim um regente. Se ocorrer algum contratempo, em que a escola possa parar de funcionar, facilmente o Estado me transfere para outro lugar. O Estado mantém essa condição até ter garantia de que a escola não vai acabar. Penso que é assim que a política funciona.

— E quem é o professor que faz a supervisão?

— Me desculpe, mas eu não sei. — respondeu o professor e riu, não como quem está encabulado ou com vergonha de não saber quem seria o seu superior, mas como se tivesse contado uma piada, ou seja, que a situação parecia mais uma piada. — Provavelmente estou sobre a responsabilidade do diretor de alguma escola, em Jacarezinho, é a lógica. Talvez nem esses superiores saibam que estou aqui.

Domício então entendeu a insegurança que teria para manter a escolinha, o próprio Estado não confiava em sua existência, não confiava ou não a desejava. Quais contratempos poderiam ocorrer que o Estado os usasse como justificativa para suspender ou dificultar o funcionamento da escola? Será que uma simples reclamação de alguém da área sobre a falta de apoio, falta de material ou uma simples discussão entre o professor e algum aluno seria o suficiente para mandar fechar a escola? Ele pretendia manter o suprimento de material para as crianças sobre seu controle, com apoio do pessoal do escritório, já era uma maneira de evitar contratempos. E se as brigas e as violências que ocorriam com tanta frequência na região assustassem o professor ou a sua família? Seria uma justificativa para ele pedir sua transferência, e a escola ficar sem o profissional e sem funcionar. Quanto tempo uma escola pode ficar sem funcionar, ao longo do ano, sem prejudicar aos alunos?

Essa desorganização, em que nem o professor sabe a quem está subordinado? A quem ele vai reclamar se houver algum problema de falta de competência, de responsabilidade ou de autoridade frente aos alunos e pais de alunos? O prefeito vai mandar falar com o diretor da escola, e este vai dizer que nem sabia que tinha uma escola funcionando na fazenda. O patrão, diante de tanta desinformação, vai mandar fechar a escola?

Em seus pensamentos, Domício percebeu que a trama não se enovelou, mas se entrelaçou. Inseriu em meio à empresa particular um elemento público, em meio aos seus funcionários, um, sobre o qual não teria autoridade. Era uma complicação que ele tinha que descobrir como funcionava. É certo que já existia na fazenda setores sobre os quais não tinha autoridade. As estradas que a cortavam, a de rodagem e a férrea, pertenciam ao governo e à ferrovia, mas suas construções foram consequência de acordos diretos com o proprietário. Os padres só assumiam os cuidados da igrejinha quando aparecem; fora isso, tudo que acontecia ali estava sobre seus cuidados. Seria importante conhecer esse professor bem, para saber qual a autoridade que poderia ter sobre ele.

Começou a pensar na responsabilidade que estava criando para si e que não tinha segurança de seu conhecimento para um funcionamento efetivo, mas precisava conversar com alguém sobre o assunto, talvez com Osvaldo, para não deixar que a escolinha faltasse. Tinha um filho que precisava estudar, e muitos funcionários, que se sentiriam agradecidos pela implantação da escolinha, eram justamente os que estavam mais próximos de sua administração e dos quais ele mais dependia. Sabia que, com uma escola de qualidade na fazenda, teria uma dedicação melhor desses técnicos, os pais das crianças, ao trabalho, e a fazenda ganharia com isso.

— Você é professor formado? — indagou Domício.

— Sim. Eu fiz escola normal em Sorocaba. — respondeu, com naturalidade, Evaristo.

— Por que você foi transferido da Sossego para cá, se a situação é a mesma, uma escolinha rural? — perguntou o administrador, imaginando que poderia ter ocorrido algum contratempo entre ele e a administração daquela fazenda.

— Eu tenho parentes aqui na região e prefiro ficar mais perto de Ourinhos.

— Você tem parentes em Ourinhos?

— Tanto em Ourinhos como em Cambará.

Apesar de Domício não aceitar como desculpa da transferência a busca de proximidade com parentes, achou melhor não levar em frente esses questionamentos. Imaginou que algum político influente de Jacarezinho e com vínculo com a Fazenda Sossego, tendo um parente desempregado, ouviu sobre a intenção da Fazenda Santo Expedito de criar uma escolinha e imediatamente agiu para transferir o professor da primeira para a segunda, deixando o cargo vago para seu parente ou amigo. Para Domício isso não importaria muito. Ele ganhou, estava com um professor, agora era torcer para que fosse competente, o que só saberia com o tempo.

— Bem! — disse, pensando o que deveria fazer a seguir. — Eu não estava preparado para recebê-lo. Você já veio com mudança? Como pretende se instalar?

— Não, ainda tenho minha instalação na Sossego. Mas creio que é importante me transferir para cá.

— Você pretende começar já as aulas? Elas só devem começar em março, não?

— Sim. Mas até lá eu pretendo organizar tudo para, quando começar, já estar bem instalado.

— Você é casado? Tem família?

— Sim, minha família está na Sossego. Tenho dois filhos pequenos.

— Você pretende se mudar para cá? É o mais prático.

— Quando começarem as aulas, gostaria de já tê-los morando aqui comigo.

— Eles também vão estudar na escolinha?

— Eles ainda não têm idade para frequentar a escola. O mais velho tem dois anos e o outro é ainda bebê.

— Independentemente, vou liberar uma casa aqui na colônia dos técnicos para você e sua família. Talvez até já tenha alguma livre, e você poderá mudar logo que quiser. Se precisar dormir alguma noite por aqui, antes da mudança, tenho um quarto em minha casa, que deixarei sempre arrumado para você, até a casa estar disponível.

— Eu agradeço, mas creio que não será necessário.

— Como eu disse, não estava preparado para que a escolinha começasse ainda este ano, imaginava que você só seria indicado para o ano que vem, e não temos muita coisa pronta para começar. Vou te levar pra conhecer os espaços onde penso que a escola pode funcionar. No caminho já vamos definindo tudo que for necessário. Você vai me falando, e eu vou dizendo se é possível termos ou não aqui na fazenda.

Dizendo isso, Domício se levantou e o chamou para fora do escritório, se dirigindo para a primeira construção que tinha como opção para abrigar a escolinha.

14.

Ambos foram para a igrejinha, em frente ao escritório, que estava com as portas abertas. Ali, uma senhora já de bastante idade, sentada no primeiro banco, com um terço na mão, fazia suas orações. Isso obrigou os dois a permanecerem na entrada e a falarem quase aos sussurros.

— Aqui é um dos locais em que penso instalar a escolinha. Creio que tem um tamanho suficiente para uns trinta alunos. — disse Domício.

— Vai ficar um pouco apertado. — respondeu Evaristo, fazendo um cálculo de cabeça e imaginando o tamanho do local em não mais do que seis metros por oito. — Vai caber quatro fileiras de carteiras, o que é o ideal para uma escola mista, uma fileira para cada ano escolar. Seis alunos em cada uma, serão vinte e quatro. Se usarmos o pequeno altar como mesa para o professor, ganhamos espaço na frente e podemos colocar uma carteira a mais em cada fila, teremos vinte e oito. Como o senhor está planejando as carteiras?

— Vou mandar fazer mesinhas e banquinhos para as crianças. — explicou Domício.

— Então podemos usar essas mesmas cadeiras no lugar de banquinhos. Imagino que serão poucos alunos dos segundo e terceiro anos e menos, talvez, nem um aluno do quarto ano. Creio que podemos ajustar aqui trinta crianças. Agora, se eles forem muito agitados, pode ser um pouco difícil controlá-los em um espaço apertado.

— Como assim?

— Quando as crianças estão muito próximas umas das outras na sala, têm maior facilidade de mexer um com o outro. Se torna mais difícil pra gente controlar a agitação. Quando o espaço é mais amplo, elas precisam de movimentos mais amplos para agitar um dos vizinhos, com isso a gente percebe com facilidade o início de alguma brincadeira e controla melhor o grupo.

— Nunca pensei que esse planejamento fosse importante para o funcionamento da escola. — falou Domício, interessado pela exposição do professor, ao mesmo tempo que esse ganhava confiança dele.

— Sim, é muito importante. O espaçamento entre as crianças é fundamental para o andamento da aula. O maior desejo das crianças é brincar, elas precisam interagir em alguma atividade, que sejam suas brincadeiras. No entanto, aqui na sala de aula, precisam aprender a se concentrar e a se responsabilizar por atividades que não sejam suas brincadeiras. Essa necessidade de brincar torna-as muito dispersivas quando em atividades que exigem concentração, e esse distanciamento favorece a concentração naquilo que estão fazendo, desenhar, ler e escrever. É lógico que existem momentos em que é bom elas estarem mais próximas. Eu gosto de fazer brincadeiras com as crianças, para que aprendam a conviver entre si, a conversarem e a se conhecerem, com isso elas passam a se respeitarem mais. Pôr as crianças brincando, tendo um adulto administrando a brincadeira, evitando atos agressivos, mesmo que sejam só brigas de crianças, evitando atos egoístas, apresentando argumentos da importância da convivência, argumentos que sejam acessíveis à idade delas, é também uma maneira de educar.

— Mas é na família que elas têm que aprender a se respeitar.

— Concordo com o senhor, mas respeitar um irmão, um parente ou um amigo que se conhece desde criança é diferente de respeitar um vizinho distante, um desconhecido ou, até mesmo, um estrangeiro, uma pessoa que nunca tenham visto na vida.

— Aqui na fazenda todas as famílias se conhecem, todos nós sabemos de quem as crianças são filhas.

— Se respeitam porque são vizinhos, pertencem a uma mesma cidade, são trabalhadores de uma mesma empresa. Numa situação assim, se consideram todos iguais. Qual será a reação delas com relação a estranhos? Quando encontrarem um desconhecido, como vão encará-lo como cidadão? Na vida isso acontece muito, termos que conviver com estranhos, pessoas que são muito diferentes de nós.

— Hoje em dia, a gente tem que ensinar as crianças a evitar desconhecidos, tem muita maldade neste mundo.

— Concordo que existe muita maldade neste mundo. Muitas vezes fico pensando como vai ser com meus filhos, que hoje estão totalmente sob meus cuidados, mas e quando crescerem, como será? Me faz pensar muito se isso já não está me causando medo do futuro, ao mesmo tempo que me traz tensão diária e atrapalha minha vida. Essas reflexões me ajudam como professor porque eu chego à conclusão que, quanto mais a pessoa aprende sobre a vida, mais sabor ela tem em viver, e o aprender sobre a vida está muito vinculado à escola. Em seu escritório, eu vi vários jornais, situação que não vi em várias fazendas que já visitei. Isso significa que o senhor tem o costume de ler, o que é mais do que apenas aprender a ler, é importante que a criança goste de ler, que se preocupe com a informação.

— Mas eu não fico dando atenção a qualquer um na rua.

— É claro que não. Nós não vamos nos abrindo livremente para qualquer um na rua. Respeitar não significa se entregar para a pessoa ou para todos. Se a pessoa não é daquelas que está sempre séria, não é de muito sorrir, não é necessário sorrir para dar uma informação a um cidadão desconhecido e perdido em uma rua. Simplesmente deve tratá-lo como um outro igual. Não deve considerá-lo inimigo ou bandido só porque o abordou sem ser autorizado.

Enquanto a conversa avançava, Domício conduziu o professor para fora da igrejinha e se dirigiram para o salão de festas.

— Aqui é o salão de festas, um espaço bem maior. — disse Domício.

— Só está faltando um quadro-negro para começarmos as aulas. — falou o professor, começando a se entusiasmar. — Mesas, cadeiras, espaço, mais do que o suficiente. Podemos perfeitamente nos instalar aqui.

— Mas essas mesas são muito grandes para as crianças.

— Sim, é verdade. E não são tão confortáveis para elas. Mas, se é o que temos, podemos trabalhar perfeitamente com elas. Pomos dois alunos por mesa, como nas carteiras escolares usadas nas escolas públicas.

— Vou providenciar mesas e cadeiras mais próprias para as crianças. Nosso marceneiro é muito bom, tem muita experiência, creio que acertará esse trabalho. Vou conversar com ele hoje mesmo.

— Qual é a frequência do uso do salão para as festas? — perguntou Evaristo.

— Ele é usado só nas vésperas de fins de semanas e feriados, e mesmo nessas datas não é usado sempre.

— É possível ter alguém para fazer a limpeza e a arrumação do lugar, tanto para a festa, como para as aulas, quer dizer, distribuir mesas e cadeiras conforme o evento, para uma festa ou para as aulas?

— Claro. Já tinha pensado nisso. Para a limpeza e para organizar para as aulas, temos uma faxineira no escritório, que cuidará daqui também. Com relação às festas, é responsabilidade de quem está promovendo, tanto antes, como depois, com a faxina.

— Mais uma coisa. É possível ter aqui uma escrivaninha com chave em pelo menos uma gaveta, e uma estante também com chave nas portas?

— Vou providenciar isto. Se não tiver vou mandar fazer na marcenaria.

Voltaram para o escritório, onde Domício, com a ajuda dos demais funcionários, selecionou os dois móveis.

— Manda alguém levar esta escrivaninha e aquele armário para o salão de festas. Agora não é mais salão de festa, lá agora é a escola. — ordenou Domício.

A seguir, levou o professor até sua sala para conversarem sobre as necessidades imediatas para o funcionamento integral do estabelecimento.

— As aulas começam em março? — perguntou Domício, depois de se instalarem.

— Dia quatro de março, a primeira segunda-feira do mês. Hoje eu só quis conhecer o local. Se for possível, me mudo para cá na última semana de fevereiro.

— Até lá te garanto que terei uma casa para você em definitivo. Não precisa nem avisar que está vindo.

— Antes disso, pretendo vir para acompanhar a preparação da sala. Da Fazenda Sossego até aqui, é perto e posso vir diariamente, tanto a pé como a cavalo. Como ainda é período de férias, virei mais para me tornar conhecido e ajudar na formação da turma.

— Você me passa uma lista de tudo que for necessário, cadernos, lápis, carteiras, mesas, quadro-negro, tudo. Eu vou cuidar pessoalmente para que não falte nada para o início das aulas. — disse Domício, que se empolgou com a conversa que tivera com o professor e já imaginava uma escola modelo para a região.

Em seguida mandou chamar Manoel e Osvaldo, para acompanharem a conversa, principalmente para se inteirarem sobre as necessidades que o professor teria e sobre o funcionamento da escolinha. O primeiro, o fiscal geral, para que fosse o contato com a população da fazenda, para convocar e selecionar as crianças e que agilizasse as oficinas para fazerem as carteiras, as cadeiras, a lousa, enfim, tudo que fosse necessário. O segundo para verificar, conforme o material necessário, listado pelo professor, o que as crianças precisariam, o que já tinham no almoxarifado e o que teriam que comprar. Ordenou que os dois ficassem à disposição do professor.

— E, Manoel, põe aí o primeiro nome na lista das crianças, Artur Stringer, meu filho, completou sete anos na semana passada.

Antes que a conversa tomasse um rumo mais definido entre os três, Domício convidou Evaristo para almoçar em sua casa, que aceitou, então foi ao escritório e pediu ao auxiliar para avisar sua esposa que teriam mais um para o almoço, o professor da escolinha da fazenda.

15.

Assim que o secretário a avisou, Bianca perguntou "Que professor?". "O professor da escolinha", respondeu ele. Isso a deixou muito contente e, ao mesmo tempo, apreensiva. Domício mandara o recado que levaria o professor para almoçar em casa muito em cima da hora. Por que não avisou antes? Será que não sabia que ele ia chegar? Ela teria pensado em um jantar especial, teria ido até Ourinhos e comprado mantimentos para uma refeição mais bem elaborada. Não tinha muito mais do que usava no dia a dia para fazer o almoço, ficou preocupada.

Para ela, quando criança, um professor era uma pessoa muito distante, totalmente desconhecido, uma propriedade dos ricos para quem trabalhavam, não tinham direito a eles. Ela não se lembrava de ter visto um professor ou alguém ter lhe apontado algum naquele tempo. Só tinha tomado conhecimento desse profissional quando seus pais começaram a discutir a contratação de um para dar aulas a seus irmãos. Ela, por ser mulher e ainda nova, não fazia parte dos alunos. Quando o professor começou a frequentar sua casa, todas as noites, ela ficava de longe, o admirando por trás das portas e janelas, observando aquela pessoa tão falada e tão difícil de chegar próximo a ela, que se perguntava quem era ele e o que tinha de tão especial.

Seu pai não queria a contratação, dizia que não tinham condições de pagar. Sua mãe é que insistiu. Ela dizia que os filhos tinham que estudar para ser alguém na vida. Nem imaginava o que significava ser alguém na vida. Ele dizia que não tinham dinheiro para o salário do professor; se contratassem, teriam que abrir mão de um punhado de coisas na casa, como gastar menos com carne, com doces, roupas e sapatos. Eram coisas que eles já não tinham muito porque, na hora de comprar, tudo era calculado na ponta dos dedos, tinha que caber no dinheiro disponível. Nunca podiam ter o que queriam, e sim o que dava para comprar com o dinheiro que pingava com o suor; e o que tinha mal enchia uma mão aberta. Não sobrava dinheiro para economizar, para guardar em casa ou esconder um dos outros, todos sabiam do quanto dispunham.

Depois de conversarem bastante entre eles, seu pai acabou concordando e saiu à procura de um profissional para contratar. Mas antes foi categórico com os filhos, exigindo que não o desapontassem; tendo professor, tinham que estudar, dar duro, além de continuar a trabalhar na roça para ajudar a pagar o salário. Seus irmãos concordaram e se debruçaram, se dedicaram, aparentemente, até mais do que tinham condições. Chegavam esgotados do trabalho, faziam a higiene, comiam, ajudavam a arrumar a mesa para a aula e ali se dedicavam ao professor. Quantas vezes ela dormiu atrás da porta, curiosa para saber o que faziam.

Bastou os primeiros alertas do professor sobre um irmão, dizendo que dormia na aula, que não estava rendendo satisfatoriamente, para o pai começar a falar em mandar o homem embora. O filho não estava se dedicando, e estavam colocando dinheiro fora. Mas a mãe insistiu, justificou que acordar cedo e passar o dia trabalhando na roça deixava as crianças cansadas e, logicamente, sonolentas, não tendo condições para estudar, tinham que dar uma chance para elas. Com o tempo, o corpo se acostumaria a mais essa atividade, e elas aprenderiam melhor. Mas ele resmungou, e resmungou muito, até que, no final do mês, fez o último pagamento. O dinheiro economizado, que parou de pagar as aulas, não melhorou suas vidas, não foi o suficiente para que tivessem carne todos os dias na mesa.

Bianca ficou órfã do professor antes mesmo de ter uma aula com ele e nunca conheceu a escola. Nas fazendas onde viveu, elas eram raras, mesmo depois de mais crescida, não se lembrava de ter entrado em alguma. Só existiam ali para atender aos filhos dos profissionais com qualificação, nunca para os dos colonos. Ela tinha ânsia de aprender a ler e a escrever, o que fez dentro dos limites do possível, por conta própria. Desde muito nova, aprendeu a desenhar, copiando letras e figuras que via em revistas e jornais que eventualmente caiam em suas mãos, aquilo a fascinava. Acreditava que o professor foi o profissional que mais fez falta em sua vida.

Nem bem o rapaz do escritório virou as costas, ela saiu catando tudo do bom e do melhor que tinha ao seu alcance para fazer os melhores pratos para aquele momento. Uma boa macarronada, todo mundo gosta de macarrão, com um molho que faria qualquer boca se encher de saliva ao primeiro passo dentro de casa. Naquele momento não foi a aura criada quando criança em torno daquele profissional, por sua ligação com os ricos, nem a importância que se dava a ele por ter um conhecimento superior às demais pessoa, que provocou essa dedicação. Também não foi por não ter conhecimento de como receber alguém em casa. Depois que casaram, Domício se tornou o administrador da fazenda em que trabalhavam em São Paulo, e isso lhe permitiu conviver com cafeicultores, administradores, políticos, militares, policiais e doutores; ela já sabia recebê-los. Muito menos seria para agradá-lo. Era uma consideração especial pela pessoa que acolheriam. Uma boa comida ia deixá-lo bem à vontade, e a conversa ia fluir livremente. Seria uma oportunidade para conhecê-lo bem, saber se ele era ou não a pessoa certa para atender ao filho. Ela estaria com a pessoa que seria o responsável, com a família, pela formação e educação de seus filhos.

Enquanto se perdia entre tomates, cebolas, manjericão e todos os ingredientes que encontrava pela frente, úteis ou não para os quitutes, Bianca buscava na memória quais deveriam ser as qualidades de um professor para exercer a profissão. Afinal de contas, seu filho ficaria nas mãos dessa pessoa ao longo de todas as manhãs, de quase todos os dias. Tinha que conhecê-lo, sua honestidade, seu caráter, se sabia se apresentar, falar e respeitar os outros. No almoço, conversando com Domício, ela poderia observá-lo bem e tentar identificar as características da sua personalidade. Se ele apresentasse algum deslize ao longo da refeição, poderia depois alertar Domício, pois ele tanto poderia ficar de olho no trabalho do homem, como deveria alertar os outros funcionários para ficarem atentos. Ela achava que, se ele não fosse um bom mestre, a fazenda poderia pedir para trocar ou contratar um melhor.

É lógico que, para o cargo, ele teria que saber ler, escrever e fazer contas, é isso que ensinaria, tinha que saber. Tinha que ter diploma, que era o que provava que ele sabia o que ia ensinar. Ela já tinha ouvido muitas vezes contarem sobre profissionais que não sabiam nem assinar o próprio nome, isso era um absurdo. É mais importante quem indica do que o conhecimento que tem e a dedicação. Muita gente achava que, como o patrão tinha dinheiro, ele tinha também conhecimento, sabia quem tinha qualidade de ser ou não um bom professor. Mas Bianca não concordava. Não é porque é rico, porque tem parente dono de fazenda ou que é político lá na capital, que se tem o dom para tanto; nem mesmo só por essa relação de parentesco ou amizade dá para saber se sua filha, seu parente, amigo ou apadrinhado tem jeito e conhecimento para ensinar. O pistolão pode até ser importante na política, numa empresa, mas não é porque tem padrinho na capital, que se sabe ler e escrever.

Além de ler e escrever, o que ele tinha que saber? Como eles, que nunca tinham tido um professor ou se preocupado com isso, poderiam saber essas coisas? Será que era só saber ler e escrever? Então o próprio Domício poderia ser e muita gente ali teria competência, pois tinham essas condições. Por que então exigir que fosse alguém de fora? Por que tão pouca gente queria ser professor? Ah! Ela ali, se perdendo em seus pensamentos e esquecendo a comida. Tinha que fazer bonito na mesa para atraí-lo, fazê-lo gostar daqui. É isso, ele tinha que saber apreciar as coisas, gostar das coisas, tinha que gostar da vida. Não é só saber ler e escrever, precisavam conhecer a sua personalidade. Como ele ficaria com os filhos das pessoas, Bianca achava que tinha que ter muitas qualidades que um pai e uma mãe têm.

Uma mãe tem que amar seus filhos, se dedicar a eles com muito carinho, gostar até mesmo de brincar com eles, como se também fosse uma criança. Isso faz com que entenda como cada um pode melhor aprender a ler e a escrever. Ela sempre gostou de desenhar e de moldar bichinhos com barro das olarias, mas tinha irmãos que não queriam nem ver um lápis, nunca tiveram interesse em mexer com essas coisas. A mãe a via interessada e ia ajudar, brincar com ela com lápis e papel ou com barro, ensinando como fazer melhor brinquedos, até mesmo bonecas. O pai não ajudava, nem aos meninos. Ele até lia e escrevia muito bem, melhor que a mãe, falava até outras línguas, além do português e do italiano, mas não se interessava em ensinar aos filhos qualquer coisa. Se a mãe cobrava isso dele, que era importante para os filhos, que os ajudaria a encontrar alguma profissão melhor do que permanecer na roça, oferecer um futuro para eles, ele ficava muito nervoso, dizia que era o destino deles, que não via como ser diferente, como sair da roça.

A mãe de Bianca sempre fora muito carinhosa com os filhos. A esposa de Domício não se lembrava de ela ter levantado a voz uma vez sequer contra qualquer um. Quando ela falava, era sempre de uma forma mansa, que era como acariciar a cabeça, o mais junto possível e olhando com aquele seu sorriso terno, qualquer um sente o quanto ela gostava de seus filhos, aliás, de qualquer criança, porque ela não era assim só com os filhos. Para sua mãe, as crianças são como anjos, inocentes e sem malícia; é assim que a gente vem a este mundo criado por Deus. Um professor deve ser a complementação do trabalho de uma mãe, pensava Bianca. Tinha que saber preservar, nas crianças, essas qualidades; se é assim que fomos criados, é assim que devemos ser em toda nossa passagem pela vida.

Mas se o mundo é tão cruel, como uma pessoa adulta pode manter sua inocência e viver sem malícia, quando está cercada de egoísmo, violência e agressão? Ela não precisava nem sair de casa para ver essa violência, da janela da cozinha via frequentemente briga ali, na piscina de lavar café. Quando as crianças começam a circular fora da casa, já conviviam com as brigas e a malandragem. Ficavam sabendo de briga de colono quase todo dia, no carreador, na venda, até mesmo nas próprias casas. Não tinha como esconder isso dos olhos desses inocentes; naquele meio era muito difícil dizer a eles que xingar era pecado, que brigar era feio, que ter uma arma era perigoso, que matar era pecado mortal e que levava para o inferno. Falar isso para uma criança era até arriscado. Outro dia mesmo uma tinha lhe respondido "então meu pai vai para o inferno". "Por quê?". Bianca perguntou. "Ele vive brigando em casa com minha mãe e sempre chega sujo por causa de brigas na venda". O que responderia para essa criança? Ela podia ficar com medo do que poderia acontecer ao pai e a família, medo da vida ou se revoltar com a religião. Em sua casa não havia violência. É claro que, de vez em quando, ela e Domício tinham discordâncias, e as crianças percebiam, mas logo esqueciam, e tudo voltava ao normal. O professor teria alunos de famílias diferentes e teria que saber lidar com essa gente.

Domício mesmo estava ensinado aos filhos que brigar era o último recurso de quem é inteligente. Se um professor iria ali ensinar seus filhos a brigarem, podia tirar o cavalinho da chuva, ela conversaria com Domício para mandá-lo embora e procurar outro. Na fazenda não era preciso ninguém para ensinar a brigar, se aprendia no carreador, no terreiro de café, na frente da venda, em qualquer lugar. Se deixasse, a criança já aprendia a se virar diante de adultos com menos de doze anos. Pagar professor para ensinar o que se aprende na prática era jogar dinheiro fora. Ele tinha que ensinar a se controlar diante das brigas diárias, a controlar os acontecimentos para não ter que usar a briga ou uma arma.

Bianca continuou se dispersando em seus pensamentos. Quem tinha que se preocupar com essas coisas era Domício. A escolinha era da fazenda, o professor era contratado pela fazenda ou pela prefeitura, ela não tinha que ficar colocando minhocas na cabeça do marido, ele sabia o que estava fazendo. Ter uma escola para os filhos estudarem já era bastante. Ela sabia o que é não ter oportunidade para estudar. Era melhor deixar tudo isso para Domício pensar. Estava ansiosa, pensando naquilo que não era do seu bico. Perdida, que nem uma barata tonta rondando na cozinha, não resolvia o problema do professor, que ainda nem tinha começado a trabalhar, e fazia um almoço que ia até espantar o convidado. Seria certo o que estava pensando? Simplesmente deixar seu filho nas mãos desse homem, da fazenda ou da prefeitura? Um menino que recém fez sete anos? Tudo bem que o administrador da fazenda era o pai dele, mas o administrador tinha muita coisa para fazer e pensar no seu trabalho, não sobrava muito tempo para ver o que estava acontecendo na escolinha. Se a escolinha começasse a atrapalhar a administração, o patrão mandaria fechar, alegaria que estava dando prejuízo. Ela tinha certeza de que Domício gostaria que desse uma ajuda para a qualidade da escolinha.

16.

O aroma da comida já tomara conta da casa e provavelmente de quem estivesse chegando. Domício entrou na sala com bastante estardalhaço, falando alto e pisando firme, como quem diz "cheguei e estou com fome". Rapidamente Bianca organizou as panelas sobre a chapa do fogão para não queimarem e foi para a sala recebê-los. Ela sabia que o professor estaria junto e que devia ser ele o interlocutor da conversa alta e descontraída. Domício parecia estar gostando da pessoa. As crianças acorreram para ajudar o pai a tirar as botas, momento que transformava a relação do pai com os filhos em uma grande brincadeira, puxa e empurra, cai e levanta, tem chulé ou não tem. Quando Bianca chegou, viu o outro, que olhava com carinho e sorridente para aquele pequeno circo, se divertindo.

— Parece que só aqui vou ter dois ou três alunos. — falou o professor, depois de cumprimentá-los, incluindo as crianças, estendendo a mão e perguntando seus nomes, e externando alegria.

— Não. — respondeu Domício, depois de rir. — Só o Artur vai estudar, o mais velho, que está com sete anos. Augusta e Ângelo são muito novos ainda, ela vai fazer cinco anos, e ele tem quatro.

— Mas são grandes, parecem ter mais idade.

— É mal de família. — falou Domício. — Em minha casa, somos todos com estatura maior que a média, incluindo as mulheres.

Ele ainda acariciou a cabeça do Ângelo, que estava mais próximo, que se animou e falou.

— Eu também vou estudar, mas no ano que vem.

— Claro, vou ficar muito contente em ser seu professor. Você parece ser muito inteligente, vai aprender bastante. Você gosta de brincar? — perguntou para o menor.

— Gosto de brincar com carrinho.

— Com carrinho? Quantos você tem?

Ângelo levantou os braços como quem diz que tinha um monte e saiu correndo em direção à cozinha, para a varanda, onde deixava seus brinquedos.

— Eu gosto de pescar. — Entrou na conversa Artur.

— De pescar? — disse o professor, voltando-se para o outro menino e se agachando para ficar à mesma altura do pequeno. — Eu também gosto muito. Onde é bom da gente pescar por aqui?

Artur olhou para Domício e depois para Bianca. A mãe percebeu que ele estava em dúvida sobre o que dizer. Com certeza queria falar sobre o rio Paranapanema, sonho de pescaria de muito pescador, mas sabia que era muito perigoso, até mesmo para adultos. Ela lia em seus olhos, que denunciavam "se eu disser a verdade, entrego as traquinagens que faço". Infelizmente ela sabia que ele tinha essas fugas e que era difícil de controlá-lo. Provavelmente uma escola, que o mantivesse ativo, retirasse essa preocupação de casa.

— Diz para o professor onde você vai pescar com o tio Félix — Bianca entrou na conversa, para tirá-lo do aperto.

— É, eu vou pescar com meu tio lá no riozinho na frente da casa dele. Mas, para pegar peixe grande, tem que ser lá no Paranapanema. — falou Artur, que sempre gostava de mostrar que entendia de pescar e caçar.

— Esta é Bianca, minha esposa. — apresentou-a Domício.

— Muito prazer, Evaristo. — cumprimentou-a o professor, se apresentando, com uma leve inclinação da cabeça.

Antes que ela acrescentasse qualquer fala para com o professor, Ângelo chegou carregando seus carrinhos, alguns feitos pela mãe, outros por ele, usando sua criatividade de transformar tocos de madeira, pedaços de paus e latas, em carrinhos, caminhões ou carroças.

Bianca pediu licença e se dirigiu para a cozinha, mas parou antes de chegar à porta, ao ouvir o professor perguntar à Augusta como ela tinha feito aquela boneca de pano que carregava no colo, ao que a menina respondeu "Não fui eu que fiz, foi a vovó Maria". Bianca seguiu porque tinha que pôr a mesa e se dirigiu para seus afazeres. Ela tinha que ser rápida, sabia que Domício não esperaria para levar a visita para a mesa, que deveria estar pronta quando ali chegasse, e foi o que aconteceu. Não demorou um minuto, e ele estava indicando para o convidado o lugar para sentar-se à sua direita.

— Você também quer aprender a ler e a escrever? — perguntou o professor Evaristo para Augusta.

Aquilo chamou atenção de Bianca, que olhou para Domício tentando interpretar sua reação, sua concordância ou não com a possibilidade de sua filha estudar. Muitos homens eram contra a educação de mulheres nas escolas. Ela nunca tinha conversado com Domício sobre isso e não sabia o que ele pensava. No entanto, seu sorriso era de carinho, olhava para a filha como quem queria uma resposta positiva e animada, e ela correspondeu.

Muitos homens não concordavam que suas esposas e filhas estudassem, que aprendessem a ler, a escrever e a fazer contas. Bianca não entendia isso, querer manter uma grande parte de sua família burra. Ela não tivera oportunidade de estudar. Tanto o pai como a mãe queriam que ela estudasse, que as filhas estudassem. Mesmo sendo muito pobres na Itália, eles tiveram como aprender ainda lá. No Brasil a mãe sempre incentivou, até ajudou-a a aprender, e o que Bianca sabia devia à mãe. Seus pais não eram contra, mas não tiveram condições econômicas e materiais para lhe oferecer o que pretendiam.

Uma coisa que Bianca não entendia era por que tantas pessoas, que vieram da Itália e de outros países com tanto conhecimento, com tanta habilidade, não foram aproveitadas aqui. Tecelões, artesãos, funileiros, professores, parteiras e tantos outros que foram esmagados pelos carreadores de café. Eles não exerceram suas profissões aqui chegando e não ensinaram a seus filhos uma profissão. Foram obrigados a se enterrar no sertão. Seus pais não se conformavam em oferecer tão pouco. Sua mãe ainda reagia com tentativas, ela mesma ajudando os filhos a aprender. O pai ficava nervoso, também mal conseguia colocar a comida na mesa, quanto mais oferecer estudos? Mas na casa dela seria diferente.

Domício parecia pensar assim também. Apesar de nunca terem conversado, ele não se mostrou contra suas irmãs estudarem. Também nunca tinha dito que mulher tinha que aprender a cozinhar e a cuidar da casa, que era para isso que elas serviam. Ele nunca foi contra a Augusta entrar no escritório e ficar observando ele trabalhando. Até já tinha levado a filha passear de cavalo pela fazenda, talvez pensando em fazê-la se interessar por alguma coisa. Bianca achava que ele faria força para que a filha estudasse e fosse alguém na vida. Ele sabia que todo mundo precisava estudar, saber ler e escrever, pois quem não sabia era facilmente enganado pelos outros.

Eles chegaram e se instalaram à mesa. O professor Evaristo conversava com Domício, mas não deixava as crianças de lado. A cada frase que elas falavam, ele se voltava, dava atenção, parecia não se atrapalhar com falas que se sobrepunham, dava atenção a cada um. Tratava-os como se fossem adultos, com muito respeito. Aquilo emocionou Bianca, um professor que sabia conversar com crianças. Isso era muito importante para mantê-las atentas nas aulas.

— O senhor parece gostar muito de criança. — perguntou Bianca quando estava colocando as frutas sobre a mesa.

— Gosto, gosto muito. É por isso que escolhi essa profissão. Meu avô era professor lá na Itália e veio para o Brasil, por insistência de meu pai. Se apresentaram como lavradores e trabalharam em fazendas. Eu aprendi a ler e a escrever em casa. Depois, para mim e minha irmã frequentarmos escola mais avançada, eles se mudaram para a cidade. Para se sustentar, fizeram uma horta no fundo do quintal e vendiam os produtos na vizinhança, com uma carrocinha. Meu avô logo arrumou alunos com aulas particulares.

— E sua esposa?

— Ela também é professora. Chama-se Maria. Nos casamos logo depois que terminamos a escola normal. Mesmo antes de nos casarmos, conversamos sobre filhos e decidimos que iríamos tê-los logo nos primeiros anos. Assim que eles exigirem menos atenção da mãe, ela vai trabalhar como professora. Hoje estamos com dois filhos, um com dois anos e o outro ainda bebê.

— Vocês pretendem ter mais filhos?

— Talvez mais dois. Os filhos crescem e se vão. Na escola, cuidamos dos filhos dos outros, todo ano eles voltam, não são os mesmos, mas serão sempre crianças aos nossos cuidados. Será sempre deixar um pouco de nós em cada um, o que nos tornam parte da história de cada um desses pequenos.

Aquelas palavras a emocionaram. Nunca pensara que poderia existir alguém que se dedicasse à vida dos outros, ou dos filhos dos outros, dessa forma. E ele não falava sobre esperar alguma retribuição de sua dedicação. Só de sua paixão em se devotar aos alunos, às crianças.

Depois do jantar, ao se despedir, o professor Evaristo se dirigiu a todos, inclusive às crianças, pelo nome. Ao Artur ainda falou que "preparasse suas histórias de pescaria, porque, quando começassem as aulas, iriam trocar histórias, e ele tinha muitas para contar".

Bianca ficou muito contente, e Domício também pareceu animado. Então ela sentiu que estava na hora de se envolver com a instalação da escolinha. À noite conversaria com o marido e trabalharia para que sua dedicação fosse recompensada.

17.

Uma das principais empolgações de Bianca com a escolinha foi a boa impressão que o professor Evaristo lhe passara. Vivendo no interior, no sertão, em uma propriedade que pertencia a outros, como poderia ter o melhor para seus filhos? Será que ela tinha esse direito? Ou devia seguir a imposição que lhe faziam? Se o professor fosse fraco, arrogante ou ignorante, ela seria obrigada a aceitá-lo? Qual seria a reação de Domício se esse fosse o caso? Até aquele momento ela sentia-se com sorte, o professor não lhe parecera nada disso.

Já ouvira muitas vezes sobre professores que agiam com violência contra as crianças e que não se restringiam ao horário das aulas. Se as crianças não correspondiam ao que impunham, usavam a palmatória e batiam bastante; se não tivessem essa à sua disposição, usavam réguas, longas e pesadas, para machucar aquelas mãos inocentes, cujos erros, na quase totalidade das vezes, eram consequências da ignorância dos adultos, incluindo os próprios professores. Atiravam giz, apagador ou o que estivesse ao alcance, nos pequenos. Desde quando isso era um argumento para convencer inocentes a estudar? Às vezes agiam assim por pequenas coisas, sem significado ou sem saber o porquê, como um sorriso, que era interpretado pelo professor como o aluno rindo de sua pessoa. Métodos que um adulto até pode considerar uma demonstração de sua força, poder e liderança, mas só amedronta ou desperta os pequenos diabinhos que cada criança tem dentro de si. Um comportamento inaceitável em uma pessoa educada.

Outras vezes era a ignorância que os profissionais tinham diante da matéria que deviam ensinar. Ouvira casos de professores que eram até analfabetos, não sabendo ler nem escrever. Então ela pensava "como uma pessoa que não sabe ler e escrever ser professor? Como ele vai ensinar o que não sabe?". Em conversa aqui e ali ficava, sabendo que eles eram indicados por algum poderoso economicamente, que mandava na região. Esses empregos, com salário garantido, eram dados a parentes e amigos, logicamente com certo comprometimento com quem indicava, geralmente com intenções eleitoreiras. E esses apadrinhados logo se tornavam cabos eleitorais em eleições futuras.

Porém, o que ela mais ouvira de comentários do funcionamento das escolas era sobre a ausência dos professores nas salas de aulas. O que significava, oficialmente, que a fazenda tinha a escolinha funcionando, e isso era importante para o proprietário, mas os alunos não tinham aulas e, no final do ano, eram aprovados. Ou seja, iam receber, ao final dos anos, um diploma, mas não saberiam ler nem escrever. Qual preparação essas crianças teriam para seu futuro? Seriam alfabetizados analfabetos, com um futuro que já começava enganado, aprendendo então que era a mentira, a malandragem e a sabotagem a necessidade ética para se viver. Com o professor Evaristo, ela teve uma perspectiva diferente; ele parecia um profissional competente, dedicado e ético.

Anteriormente ela também estava preocupada porque já ouvira muito comentário que depreciavam esses profissionais. Não era só sobre a violência, a arrogância e a prepotência. Muitas pessoas falavam que os professores estragavam as crianças, o que queria dizer isso? Já pensara muito sobre isso e não chegara a uma conclusão. O que significava estragar uma criança? Ela pensava "Eu ensinei aos meus filhos a amar os familiares, a respeitar todas as pessoas com quem a gente vive ou se encontra na vida e, incluindo, todos os animais e todas as plantas. Será que uma pessoa que vai conviver com meu filho, três ou quatro horas por dia, e nem todo dia, tem condições de mudar isso? Pode ser. Mas acho que, se os pais foram corretos, souberem conversar com seus filhos e forem bons exemplos, dificilmente um estranho vai alterar o comportamento deles. É lógico que, se ele for um bom professor, deixará de ser estranho, caso contrário, se for muito diferente de nós, será um estranho para meus filhos por toda a vida".

— Domício, eu quero ajudar a preparar o salão para a escolinha. — disse Bianca para o esposo, em uma refeição, no dia seguinte à visita de Evaristo. — O que posso fazer para que o lugar esteja bem arrumado e como posso ajudar nas aulas do professor?

— Mas por que você quer ajudar? — perguntou Domício.

— Porque eu acho que esse professor é muito bom. Ele demonstrou muito jeito com as crianças, elas parecem gostar dele, e isso é importante para ensinar. Quanto melhores forem as condições para ele trabalhar, mais ele vai gostar daqui e se dedicar. Com isso, nosso filho vai aprender melhor.

— Mas isso não é trabalho para você. Quem está cuidando disso é o Osvaldo e ele pode não gostar de você se metendo no trabalho dele. Sem contar que alguns podem nem gostar de uma mulher querendo mandar no trabalho deles. O carpinteiro pode não gostar de uma mulher opinando sobre como deve ser uma carteira, o Turco não concordar com como você vai arrumar o salão. Eles podem não concordar que essa seja a função, o trabalho da esposa do administrador.

— Mas não é nesse tipo de trabalho que eu penso em ajudar. Quero ajudar na limpeza do salão, da casa que vai receber a família do professor. Além disso, posso percorrer as casas dos técnicos para convencer as mães a mandar seus filhos para a escola. Posso até ajudar a organizar e distribuir o material para as crianças. Tem muita coisa que posso fazer.

— Bem, eu vou conversar com o Osvaldo para saber o que ele acha disso.

18.

Na primeira semana de março, tendo o professor Evaristo e sua família se mudado para a fazenda, Bianca se dedicou totalmente à escolinha, para que as aulas iniciassem com todas as coisas disponíveis, tudo que estivesse ao alcance da administração.

Ela passara o mês de fevereiro visitando as casas dos técnicos e depois as dos fiscais, para conseguir a matrícula de pelo menos vinte e cinco crianças, que era o número de alunos que o professor considerava ideal para um bom funcionamento da classe. Logo após ter feito uma primeira rodada de visitas, se sentiu bastante desanimada. Encontrou mais reações adversas do que apoio ou entusiasmo. Teve a sensação de que os pais não desejavam o melhor para seus filhos. Em sua cabeça, não conseguia entender o que acontecia. Pensava "O que essas pessoas pensam do futuro? Será que eles não acreditam que seus filhos poderão ter uma vida melhor do que a que eles vivem hoje? Não se pode simplesmente pôr a vida nas mãos de Deus. Tudo bem, Deus sempre vai nos oferecer o melhor, mas se a gente não colaborar com o seu projeto, ele não se realiza. A gente tem que colaborar, estar ativo e, principalmente, fazer o que está ao nosso alcance. A nossa função não é só pôr filho no mundo e deixar que Deus cuide deles. Isso é até egoísmo. Nós somos responsáveis por cuidar e dar o melhor que temos aos filhos que Deus nos confiou". Assim, concentrada em seus pensamentos, foi despertada com o cumprimento de alguém.

— Boa tarde, dona Bianca! — Ela levantou o rosto e viu o professor Evaristo.

— Boa tarde, professor Evaristo!

— A senhora parece triste. Ou só está cansada?

— Ah, professor, um pouco desanimada. Estou vindo da colônia dos técnicos. Visitei três famílias que têm filhos em idade para a escolinha, mas não consegui matricular nem um. Parece que os pais querem que os filhos fiquem por aí, rodando, sem nada para fazer. Parece que não pensam no futuro deles, que já se sentem satisfeitos com o que são, com o que tem. Acreditam que não precisam mais se preocupar com os filhos. Já fizeram bastante sendo pais.

— Mas é isso mesmo, dona Bianca, eu já vi muito isso. Muitos pais já se sentem satisfeitos por gerarem seus filhos, não sentem qualquer responsabilidade pelo futuro deles.

— E como que a gente vai fazer para conseguir mais alunos para a escolinha?

— Vamos lá no escritório, e a senhora me mostra todas as anotações que conseguiu. Me diz quais são as casas que não estão querendo matricular os filhos. Quais argumentos apresentam. Amanhã vou fazer uma visita para eles.

— Mas como você vai fazer? Eles não aceitaram nem os argumentos que era o Domício que estava insistindo para as matrículas, que tinha o apoio do patrão.

— Amanhã vou pegar a folha do jornal, que publicou a minha indicação como professor aqui da escolinha. O documento é assinado pelo próprio presidente do Estado Afonso Camargo. Quando a gente diz que é oficial, as pessoas parecem ficar intimidadas e aceitam, mesmo que sejam contra. Podem até causar problema depois, voltar atrás, dizer que pensou melhor, mas daí a gente vai em busca de outros argumentos.

Os argumentos que o professor apresentou às famílias, fez mudar de ideia aqueles que estavam em dúvida sobre se, colocando o filho para estudar, não estariam provocando a ira do patrão. Tinham dúvidas se ele era realmente favorável à escolinha. A assinatura do presidente da província, que era superior ao patrão, dava justificativa a decisão. Àqueles que alegavam que os filhos estudariam na cidade grande, Evaristo apresentava sua condição de professor formado em escola normal de Sorocaba, mostrava o diploma, o que deixava os pais sem condições de dizer não. Aos poucos conseguiu aumentar o número de matriculados, chegando próximo de vinte crianças. Bianca foi então conversar com os fiscais, e Domício indicou que ela falasse com o velho italiano, que já manifestara interesse em colocar seus netos para estudar. Ao final de fevereiro, estavam com mais de vinte e cinco matriculados.

Atingido o número de alunos que, tanto o professor como o guarda-livros, disseram ser o ideal, Bianca voltou sua atenção para o material que seria distribuído para cada criança, ou melhor, seria entregue aos pais, um conjunto para cada um. Pareceu a ela o mais importante na sequência, mas não era. Logo que começou a distribuir cadernos, lápis, borrachas, caixas de lápis de cor, cartilhas, ficou sabendo que não tinham conseguido comprar um quadro-negro, com tamanho próprio para uma escola, não tinha nas lojas para vender, nem mesmo em Ipaussu, onde existia o maior número de lojas comerciais, mais antigo e mais diversificado. Diziam que isso só se compraria em São Paulo ou tinha que mandar fazer por um profissional especializado. Ela ficou em dúvida, conversou com Domício, arregaçou as mangas e foi atrás.

Como é um quadro-negro? Ela já tinha visto, mas nunca tinha prestado atenção em detalhes. Disseram a ela sobre uma loja em Ourinhos, que tinha um, preso na parede, para escrever preços e avisos. Lá chegando, observou bem, perguntou ao proprietário da loja onde tinha adquirido, pediu para passar a mão para perceber a superfície, até pediu para usar o giz para sentir com mais detalhe como funcionava. Pensou "um conjunto de tábuas bem plainas e lisas. Tem que passar uma lixadeira antes de pintar, pra o giz deslizar livre. justapostas e bem vedadas nas juntas, bem seladas e cobertas por uma tinta preta fosca. Isso os marceneiros da fazenda fazem lá na oficina". Passou a mão na borda do quadro, ripas pintadas com uma tinta lisa e sentiu que o dedo deslizava livre. "A tinta não pode ser lisa". Seu pensamento continuava atento. "O giz não vai escrever aqui, ele tem que deixar marcas na tinta. As marcas é que são a escrita".

À tarde, Domício chegou em casa assobiando, como de costume, misturado com aquele seu sorriso maroto, que sempre deixava à vontade as pessoas próximas.

— O que você foi fazer hoje na marcenaria? — perguntou ele, quando Bianca se aproximou.

— Fui conversar com eles sobre o quadro-negro. Eu vi um em Ourinhos e, para mim, não é coisa do outro mundo. Eles podem perfeitamente fazer um igual e do tamanho necessário para a escolinha. Por quê? O que eles disseram?

— Eles vieram conversar comigo se era mesmo para fazer aquilo.

— Mas eu expliquei direitinho, e eles me disseram que já conheciam, não era difícil fazer. Até me mostraram as tintas. Eu disse para eles fazerem algum teste em madeira e escrever com giz para ver se ia funcionar.

— Sim, entendo. A questão é que esse pessoal não gosta de receber ordem de mulher.

— Bem, eu falei que foi você que mandou fazer. Fiz errado?

— É. E eles vieram perguntar se eu tinha mesmo mandado. Eu confirmei, disse que era inclusive importante fazer logo, mas eles perceberam que nós não tínhamos conversado. É bom sempre vir conversar comigo antes.

Desde a chegada do professor, Bianca tornara-se uma figura constantemente presente em todos os espaços próximos da região da administração: caminhos, oficinas, até mesmo na venda. Antes ela se restringia a suas atividades como dona de casa, era quase só vista em seus afazeres, dentro da residência ou em seus arredores, cuidando das crianças, de suas flores e da horta; quando se afastava desses espaços, era acompanhada de seu marido ou até a casa de seu sogro, numa das colônias. Muito raramente ia ao escritório ou a qualquer outra dependência. Até evitava enviar o filho para procurar o pai, por mais que ela precisasse da presença do marido em casa. Esperava os horários de refeições para conversarem.

Agora a situação mudara, via a possibilidade de oferecer aos seus filhos aquilo que ela sempre quisera para si, ler e escrever; dar a eles a possibilidade de verem o futuro de uma forma mais completa e, com isso, terem mais alternativas para escolherem como viver. As opções que teriam não se restringiriam mais a uma colônia de colonos, aos carreadores de café e à roça; poderia se expandir até mesmo além dos escritórios da fazenda e do próprio sertão em que viviam. Em todas as oportunidades em que ela saía de casa para conversar ou convencer uma mãe sobre a matrícula do filho, seus pensamentos se aprofundavam, seus próprios horizontes se ampliavam sobre as possibilidades que uma pessoa estudada tinha na vida.

Isso não era porque ela não gostava da fazenda, da roça ou dos carreadores de café, não. Ela fora criada nesse meio, nasceu e vivia ali, ainda criança aprendera a usar uma enxada, a derriçar o café e a plantar em uma horta. Aos poucos aprendera a cultivar frutas e legumes. Porém, o que mais chamou sua atenção foram as flores; ela era capaz de passar horas em seu jardim, esquecia a própria vida, dando vida, cores e formas a uma flor que desabrochava com força, com encanto e com carinho; para ela aquilo era a maior realização da natureza e uma prova da mão divina.

Não aprendera a escrever nos bancos escolares, tinha até vergonha de seus garranchos, como dizia. Com facilidade e, sem ajuda de outros, aprendeu a desenhar as letras maiores que via nos jornais, reproduzindo-as nas próprias laterais dos jornais. Ali também aprendeu a desenhar pequenos objetos de seu entorno, até mesmo bonecas de pano, que sua mãe a ensinara a fazer, e, depois, as flores; tinha uma habilidade natural para o desenho. Contudo, uma barreira criada provavelmente por não ter frequentado a escola, por comentários que ouvia, que não eram contra ela, como "só na escola é que se aprende a ler". Considerava que o que fazia não era escrever, não era ler, eram simplesmente garranchos e gaguejos. Essa mentalidade a impedia de melhorar, de transpor esse limiar, lendo e escrevendo naturalmente, como quem frequentara uma.

Ao mesmo tempo, ela se perguntava por que não podia melhorar. Seus pais liam e escreviam muito bem e aprenderam ainda na Itália. Lá seu pai não era agricultor, trabalhava como ferreiro, aliás, ele e gerações anteriores, os pais, pais de seus pais e assim por diante; gerações, que se perderam no tempo, que viveram como ferreiros. Para virem para o Brasil, se declararam agricultores e, vindo, não tiveram como se instalar como ferreiros. Será que uma escola não seria a oportunidade para seu filho poder escolher entre ser colono, administrador de fazenda, ferreiro ou, até mesmo, desenhista?

Ela já tentara ensinar o filho a desenhar as letras, mas não conseguiu sequer segurá-lo à mesa, prender sua atenção para o que fazia. Por mais que observasse o seu comportamento, não conseguia saber do que ele gostava, o que prendia sua atenção. Parecia que a única coisa de que ele gostava, pela qual imediatamente saía da cama, e até ficava sem comer, era ir pescar. Bastava ele encontrar com o tio caçula para já cobrar ou se prontificar para irem; fosse no grande rio ou no riacho da colônia, lá iam eles com a vara de pesca. O conhecimento que adquiriria na escolinha abriria seus olhos para novos horizontes. Provavelmente o professor, depois de um tempo de aulas, conversaria com Domício ou mesmo com ela, sobre uma profissão, uma habilidade que o filho poderia seguir. Afinal, a escola também deveria ensinar profissões para as crianças.

A preocupação que tinha não era só fundamentada em proporcionar formação para um emprego melhor. Ao longo da vida, já tinha visto o quanto o conhecimento e a alfabetização eram importantes para todos, tirava a pessoa de uma condição mais animal, colocando-o em uma mais humana. Ela já vira muita família se desmanchar devido à falta do marido, e essa falta não era só devido à morte natural ou assassinato, viu aqueles que abandonaram todos os seus, às vezes por malandragem ou para fugir da polícia; viu ainda outras que se desfizeram devido à incompetência das pessoas no serviço, sendo mandados embora e não arrumarem emprego novamente. Um cidadão estudado não era exatamente a solução para todos os problemas, porém mais facilmente driblava todas essas dificuldades. Mesmo que Domício viesse a comprar uma fazenda, era necessário que o filho tivesse estudos, ele ajudaria no trabalho com muito mais informações sobre as coisas. Ficando sem estudos, seria mais fácil regredir para a situação de colono, e a vida para ele seria muito mais difícil.

Domício, ao ver sua empolgação com a escolinha, não só deu a ela total apoio para se dedicar à atividade, como também instruiu os funcionários a atenderem todos os pedidos e ordens que ela necessitasse, não só da secretaria, mas também das oficinas. Até mesmo o motorista deveria ficar à disposição dela, caso precisasse. A instalação da escolinha parecia ter se tornado mais importante do que a produção de café. Como o período não era o mês de colheita, afetou pouco a rotina geral.

No entanto, Bianca não estava satisfeita. Imaginara que, logo nos primeiros dias, com a notícia da chegada do professor, outras mães se disporiam a ajudá-la, se empolgariam para ver seus filhos frequentando a escola, visualizando um futuro diferente para a sua família, colaborariam com os trabalhos. Mas não, nem mesmo para ajudar na limpeza do salão, teve uma mão voluntária. O ânimo em ver o filho aprendendo a ler e escrever parecia ser exclusivamente dela. Porém, isso não a abateu.

Na semana que antecedia o início das aulas, ela se dedicou ao salão de festa, em transformá-lo um espaço ideal para as crianças se sentirem à vontade, onde o professor só teria como trabalho ensinar os alunos. No último dia da semana, a sala estava pronta, com todas as carteiras e bancos, a mesa do professor à frente, e o quadro-negro afixado na parede. Ela se esforçou para evitar que, naquele fim de semana, ocorresse qualquer atividade, que o salão não fosse usado, para que não mexessem ou alterassem a disposição dos móveis e não ocorresse que tivessem de fazer nova limpeza pela manhã, no dia do início das aulas.

19.

Em casa Bianca não parava de falar para os filhos sobre a escola. Ela queria criar neles a expectativa sobre o que era uma escola. Provocava a curiosidade deles para que ficassem interessados e fizessem perguntas sobre o que era, para que servia. Só crianças? Como? Mas a gente não aprende tudo em casa, com os pais? Por que era necessário um estranho, gente que não era da família, para ensinar a ler e a escrever? Mas papai e mamãe sabem ler e escrever, eles sabem tudo, por que eles não ensinam?

Um dia estava transplantando mudas de beterraba, e Augusta estava agachadinha do outro lado do canteiro, observando, como era próprio dela, sempre por perto, acompanhando o serviço da mãe, bastante atenta. Nessas horas Bianca percebia o quanto detalhista ela era, tinha a impressão de que a filha não só percebia todos os movimentos de sua mão e dedos, como também de sua cabeça e de seus olhos. Sabia que, a qualquer momento, a menina pegaria uma muda para plantar, imitando o que ela estava fazendo. Logicamente, ela deixaria e, sem que a filha percebesse, ficaria atenta; se cometesse algum erro, ensinaria o correto. E foi o que aconteceu. Augusta pegou uma muda, fez um buraco na terra do canteiro aonde seus pequenos braços alcançaram, colocou a muda e socou a terra, na condição que seus dedinhos e força o permitiram. Então olhou para Bianca, toda satisfeita, por ter feito seu trabalho, provavelmente pensando que estava perfeito, igual ao da mamãe.

— Muito bem, filha, plantou igual à mamãe faz. — disse Bianca, olhando-a com carinho e aprovação. — Mas, como a mamãe tem os dedos mais grossos, coloca todas as raízes dentro do buraco. O seu dedinho é muito pequeno, o buraco fica muito fino, e não cabem as raízes da planta, que ficam voltadas para cima. Você tem que rodar o dedinho para ampliar o buraco. — dizendo isso pegou na mãozinha dela, esticou o dedinho e fez o buraco como devia. — Depois, as raízes todas têm que entrar e ficar retas, para baixo, lá dentro. Então a gente fecha o buraco, faz pressão para ajuntar a terra bem junto das raízes e elas continuarem a crescer, a absorver água e adubo. Viu? Agora está igual ao da mamãe.

Ela sorria e olhava a mãe com um olhar pleno de satisfação. Bianca ficou toda orgulhosa ao ver aqueles olhinhos, nos quais o que mais sobressaia eram suas pupilas grandes e negras, como duas jabuticabas.

— Mamãe, por que a gente tem que ir na escola e tem que ter um professor, se o papai e a mamãe sabem tudo? — perguntou Augusta.

— O papai e a mamãe não sabem tudo. A mamãe não sabe escrever. Você já viu a mamãe escrever? — respondeu Bianca, emendando uma nova pergunta, sem ter muita segurança de como responder a uma pergunta tão simples, mas que exige muito tato, para não confundir aquela cabecinha, que, provavelmente, começava a fazer as primeiras perguntas sobre o mundo além de sua casa.

— Não. Mas papai sabe escrever.

— Papai não tem tempo. Ele tem que trabalhar, fica o dia todo lá no escritório, chega em casa cansado. Com que ele vai ensinar a escrever? Quando ele chega em casa, tem que descansar, para poder levantar cedo no dia seguinte e voltar a trabalhar.

— Mas o nono e a nona também sabem ler e escrever e eles não vão na roça todo dia.

— Olha, pensa assim. O dr. Expedito é o dono da fazenda, a fazenda é só dele e de ninguém mais, mas todos nós estamos trabalhando aqui. Por quê? Porque ele não pode fazer tudo sozinho, ele precisa contratar alguém para ajudar a cuidar da fazenda, para plantar, cuidar do café, fazer a colheita e mandar todos os sacos de café para serem vendidos lá em São Paulo. É a mesma coisa. Os filhos são como uma fazenda para os pais. Quando é pequeno, a família cuida dos filhos, ou de uma fazenda pequena, mas, quando cresce, quando a fazenda fica muito grande, tem que ter a ajuda dos outros. No caso das crianças, o governo manda um professor para ajudar a educar, a ensinar a ler e a escrever.

— O Artur não vai mais morar lá em casa? Vai ficar morando lá na escolinha?

— Não. Ele vai fazer como o papai faz, que vai trabalhar lá no escritório. Ele vai para a escola e depois volta para ficar em casa.

— Eu também vou para a escola? Também quero estudar.

— Você também vai, mas só daqui a dois anos. Agora você ainda é muito pequena.

Às vésperas do primeiro dia de aulas, a atenção de Bianca se voltou para Artur. Ele estava ressabiado, parecia estar com medo de ir para a escola, mas não queria demonstrar em casa. Ali ele era o mais velho, o que o tornava uma autoridade diante dos irmãos. Ele já percebia que homem tinha que mandar em mulher, e sua necessidade de autoridade aumentava. O terceiro era um menino, que tinha uma diferença de idade bastante grande, mais de três anos, o que dificultava sua interação com esse irmão, como dois amigos; ele sentia um imperativo de se impor mais sobre os outros. Ir para a escola o diferenciava dos menores, o fazia mais importante, o tornava superior. No entanto, ele só conseguia mostrar essa posição com uma postura mais altaneira, pois, mesmo ele, nada sabia sobre o que é uma escola. Um professor? Ele já ouvira falar, mas... o que deve ser... uma pessoa? Apenas que era alguém que iria ensiná-lo a ler e escrever, isso porque foi o que ouvira nos últimos dias. E, de tanto falarem, devia ser uma pessoa diferente, especial, que vinha de longe; a fazenda, mesmo grande como era, com tanta gente morando e circulando, não tinha um professor, teve que vir de longe.

Do outro lado, estava a sua convivência fora de casa com primos e crianças da região. Seus avós e os tios solteiros moravam na colônia da Lagoa, e geralmente iam até lá nos fins de semana. Era muito comum a visita de outros filhos de casais parentes, que moravam em cidades próximas. No entanto, mesmo com a casa cheia de crianças, ficava no entorno do tio caçula, que era apenas dez anos mais velho do que ele. No último final de semana, Bianca percebera nele um comportamento diferente, na atenção para com os primos, de Cambará, e que estudavam no colégio estadual. Quando o avô perguntou aos netos como estavam na escola, imediatamente Artur se aproximou da mãe e ficou atento ao que falavam.

— Está bem nono. — respondeu o mais velho.

— Está bem, como? Vocês estão gostando? — voltou a perguntar o avô.

— Estou gostando, mas eles dão muito trabalho pra gente fazer em casa.

Os adultos que estavam por perto riram. Lógico que toda criança reclama que sempre tem muito trabalho escolar para fazer.

Bianca não tinha muita noção sobre isso, mas naquele momento pensou e achou que era o correto. A criança não podia ficar restrita às atividades da sala. Ela lembrou que, quando estava tentando desenhar as letras copiadas de jornais, queria ficar fazendo aquilo toda hora. Quando chegava do trabalho, corria para o quarto para desenhar letras, gostava daquilo, ficava exultante quando percebia que o que fazia era exatamente igual ao que estava no jornal. Na escola devia ser assim, as crianças devem gostar do que fazem lá e devem querer fazer igual em casa, repetir, até fazer bem-feito, sem errar. Será que isso aconteceria com o Artur?

A sua convivência com crianças da fazenda não era muito ampla. Como até pouco mais de um ano atrás, eles moravam com o pai de Domício, na mesma colônia, foi com crianças daquelas famílias que Artur começou a brincar e era com quem ainda mantinha alguma relação nos fins de semana ou em algumas tarde, quando os pais levavam os filhos para a frente da venda, e elas ali se encontravam. A casa do administrador não fazia parte de alguma colônia, com isso não tinham famílias vizinhas. Talvez suas fugas tenham sido para encontrar os pequenos amigos, lá da colônia. Junto a essas crianças, ele se tornou o filho do administrador, o que o levou a impor uma condição de diferente, de melhor e, consequentemente, uma liderança.

— O Bepo também vai para a escola? — Artur perguntou à mãe um dia.

Bepo era filho de uma família da colônia em que mora o pai de Domício e com o qual Artur criou uma amizade maior. Parecia mais velho, mas tinha, aproximadamente, a mesma altura. Então Bianca percebeu que um dos medos que o filho estava enfrentando era a possível convivência com crianças desconhecidas.

— Você sabe que tem gente demais morando na fazenda, porque a fazenda é muito grande e precisa dessa gente toda para trabalhar. — falou a mãe tentando mostrar para ele, na prática, o quanto seria difícil ter uma escola para todas as crianças. — Você já viu como fica cheio de gente aqui na frente do escritório quando o papai faz pagamento. Todas as ruas ficam cheias, tem gente até lá para baixo, na frente das oficinas. É muita gente. Quantas famílias são? E quantas crianças têm nestas famílias? Imagine juntar tudo isso dentro da escola, não cabe. Neste ano vai ser só as crianças da colônia dos Técnicos. Mesmo dali não vão ser todas elas, só uma parte. Não cabe na escola.

— Eu não gosto deles.

— Deles quem? Dos filhos dos técnicos? Por quê?

— Por quê? eles são muito convencidos.

— Como assim?

— Eles não gostam de conversar com a gente. Lá na venda, eles começaram a rir de mim e do Bepo porque estávamos combinando ir procurar ninho de passarinho na mata.

A maioria dos técnicos já tinha morado em cidades e tinha uma cultura diferente da dos colonos. Os filhos de alguns tinham estudado ou continuavam estudando na cidade. Nesse caso eles só iam para junto dos pais nos fins de semanas ou nas férias. Isso criava uma diferença ou os fazia se sentirem diferentes dos demais, das pessoas simples que sempre moraram e ainda moravam nas fazendas e nas colônias.

Se os pais e professores colocarem em suas cabeças que a educação escolar faz as pessoas superiores, não melhorarão ninguém, até piorando. Criarão pessoas que verão os outros como inferiores. Ler e escrever é apenas mais uma ferramenta para se viver, útil para a comunicação no meio em que convivem. De nada adianta uma pessoa ter uma ferramenta, uma faca, por exemplo, deve saber para que serve, como usá-la, onde usá-la e, até mesmo, deve saber afiá-la muito bem, para mantê-la em bom estado de uso. Ou seja, quem tem uma faca, tem também que conhecer muito bem as coisas para as quais ela vai ser usada. Caso contrário, a própria pessoa vai se ferir por não saber manipulá-la, vai cortar errado, se não souber para que servirá o material cortado. A ferramenta educação se presta ao relacionamento e à comunicação entre as pessoas de uma sociedade. Quem não souber usá-la vai falar na hora errada, usará a informação de forma incorreta, vai se impor de maneira arrogante entre pessoas simples, afastando-as de seu convívio, ou seja, se machucará, se destruirá e não atingirá seus objetivos. Quando isso acontece com crianças, pode ser a destruição de toda sua capacidade futura, destruição de inteligências e de grande potencial de trabalho. É destruir o próprio potencial da sociedade, independentemente de quais crianças estão sendo destruídas, filhos de patrões, técnicos ou colonos, ricos ou pobres. Cada um poderia estar colaborando com a melhoria de seu entorno.

Ninguém é melhor em tudo, sempre tem alguém que é melhor em alguma habilidade, o que enriquece a todos ao se completarem. Para Bianca, essa deveria ser uma das funções da escola, despertar as habilidades próprias de cada um.

20.

Diante de toda aquela tensão que Bianca percebia em Artur nos dias que antecederam a primeira aula, quem acabou ficando tensa ou melhor, ansiosa, foi ela. No primeiro momento, quando surgiu a necessidade de colocá-lo na escola, ela não pensava nas mudanças que a criança teria que enfrentar, na transformação em sua vida. Simplesmente pensava na necessidade, considerava que era uma felicidade para todos, especialmente para ele. "Que burra que fui, eu não era ele e ele nunca conheceu uma escola antes, como que ele poderia se alegrar?", pensava ela. Sua ansiedade estava triplicada, o filho tinha ido para seu primeiro dia de aula, e ela estava ali, fazendo a comida, mas se atrapalhando toda, só pensando no retorno dele, no que e como ia perguntar sobre a aula, o professor e a escola.

Ela estava pondo a mesa quando Artur entrou correndo pela sala. Escutou o baque do que devia ser sua bolsa com o material escolar, apareceu na cozinha e sentou-se à mesa.

— Não senhor, pode ir para o banheiro, lavar essa mão. O papai já está chegando e só depois nós vamos comer. — disse. Então sentiu uma satisfação. Do jeito que se apresentou devia estar faminto, consequência de muita atividade na escola. Depois que Domício e as crianças tinham se instalados à mesa, ela fez a pergunta que ansiava. — E então Artur, como foi lá na escolinha?

— Mais ou menos. — respondeu ele, mais dedicado ao prato do que à resposta.

— Como mais ou menos? — perguntou Domício, que era um homem bastante prático e não gostava de respostas evasivas.

— Do que é que você mais gostou? — questionou a mãe, tentando não ser muito exigente, oferecendo alguma opção para a resposta. Se forçasse, ele poderia responder conforme queriam, simplesmente para agradar ou por medo. Ela não queria nada disso. Queria saber sobre a escola desde o primeiro dia.

— O professor é legal, ele até é divertido.

— Divertido como? — Domício queria uma resposta mais completa, parecia preocupado com o comportamento do professor.

— Um menino, lá dos técnicos, começou a dormir na mesa. — Artur completou a resposta, se animando com a atenção que recebia. — Ele pegou uma cadeira, bem quietinho e sentou ao lado. Então fez de conta que estava pescando com uma vara, olhou para mim e começou a fazer de conta que estava dormindo. E, de repente, deu um ronco forte e acordou o menino. Todo mundo riu.

— E você, também dormiu na aula? — tornou Domício.

— Eu não, claro que não. — respondeu Artur o mais rápido que pode.

— O professor deu algum trabalho para você fazer em casa? — Bianca quis saber.

— Um monte de... é... de... ele disse, tarefa, para fazer em casa. — falou o menino, com um ar desconfiado, que ela não entendeu se era dúvida sobre a palavra tarefa ou outra coisa.

— Depois de comer, você vai brincar um pouco. — disse a mãe, oferecendo a ele um tempo para descansar. — Mas depois que eu terminar de lavar a louça, arrumar a cozinha, vou te procurar e quero ver essa tarefa. Temos que ver quanto tempo você vai gastar para fazer e definir um horário para isso, todo dia.

— Mas eu não vou mais brincar? — protestou Artur.

— Você vai sim. — respondeu a mãe.

— Você já está ficando grandinho e, quando a gente fica grande, tem que assumir compromissos e aprender a cumprir todos eles. — falou Domício, ajudando a mostrar ao filho a importância de aprender a cumprir com as responsabilidades, que a vida não era só brincar. — Você quer passar a vida inteira brincando? Isso é coisa de criança. Conforme vai crescendo, a criança tem que aprender a trabalhar. Ir para a escola é aprender a trabalhar, aprender a ter compromisso e se responsabilizar por eles. Você quer ser como o papai quando ficar grande, então tem que aprender a ir para o trabalho, para a escola.

— Se o professor deu tarefa para fazer, esses são os compromissos que você recebe e tem que cumprir. — Bianca então completou o que Domício havia falado. — Não pode ir amanhã para a escola sem ter feito a tarefa. Imagina se o papai não faz o trabalho dele aqui na fazenda. O dr. Expedito vai mandar ele embora, não vai? Então, tem que fazer o trabalho, cumprir com o compromisso.

Ao longo daquela semana, Bianca se sentiu feliz ao ver as crianças se dirigindo para a escolinha, no horário que antecedia o início da aula. Era uma fila que se formava a partir da colônia dos técnicos. Ali dava para perceber o comportamento de cada uma. Os que mais chamavam atenção eram aqueles que seguiam saltitando, alguns simulavam pular uma amarelinha não desenhada no chão, a sacola com o material escolar bamboleando pendurada no ombro, demonstravam felicidade. Outros seguiam em dois ou três, conversando, sem presa. "Será que discutiam se fizeram ou não as tarefas que o professor dera?", pensava Bianca. Alguns seguiam solitários, não se misturavam, pareciam tímidos. A convivência com o grupo aumentaria ainda mais essa timidez ou a escola os ajudaria numa convivência necessária, refletia ela. Ainda tinha aqueles que, em sua postura, sua forma de caminhar, pareciam fazer um sacrifício para seguir adiante. Para esses a bolsa escolar parecia um peso acima de suas condições de carregar. Olhando essa cena no dia a dia da semana, Bianca se perguntava quanto daquela fila refletia o pensamento das famílias da fazenda?

PARTE V

É POSSÍVEL SUPERAR A ESCOLINHA?

21.

No final de maio do ano seguinte, Bianca viu Artur entrando na mata próximo de casa e foi atrás ver o que o filho fazia. Ele estava seguindo uma galinha, pé ante pé, para descobrir onde era seu ninho e se apoderar dos ovos. Lógico que era perigoso para uma criança com a idade dele entrar na mata sozinho, mas não era isso que mais a preocupava. Era horário de aula, e ele devia estar na escolinha.

Ela já tinha percebido que uma das galinhas não estava usando os ninhos que preparavam em balaios. Vira uma saindo cantando da mata, típico de anunciar sua postura, e ele já aprendera isso. Ele gostava de furar a casca do ovo cru e tomar o conteúdo. Como ele, Bianca seguiu pé ante pé, para surpreendê-lo e ter mais chance de ele se abrir. Artur estava fugindo da escola, e ela tinha que descobrir o que estava acontecendo. Uma questão que poderia descobrir era por que a escola não o estava atraindo.

Ela ainda pensava em como abordar o problema com Domício, quando, dois dias depois, no almoço, ele falou que o novo professor tinha pedido exoneração e já não daria mais aulas no dia seguinte.

— Estou preocupada com o estudo do Artur. — falou Bianca bastante aflita. — Como a gente vai manter esta escola aqui na fazenda? De novo vai ficar sem professor?

— Eu vou hoje à tarde conversar com o prefeito em Cambará. — respondeu Domício.

— Até que ponto isso vai adiantar? Vão mandar outro professor igual a esse, que só falta no trabalho? Está sempre precisando de ir para Ourinhos ou Cambará. Ou igual ao anterior, que nem sabia dar aulas?

— Infelizmente quem manda o professor é o governador, ele decide lá em Curitiba. Não tem como decidir aqui, escolher o professor que a gente quer.

— Os professores tinham que ser dedicados como o professor Evaristo. Além disso, a gente tem que criar condições para que gostem de ficar aqui. Quando ele chegou, fiquei animada com a perspectiva dos estudos para o Artur. Via o trabalho dele, acompanhava, fiquei muito contente. Criança não gosta de estudar, ficar trancada dentro de uma sala, quando tem todo um mundo lá fora, cheio de coisas para fazer. Quer é correr este mundo, pescar, entrar na mata, tomar banho de rio. A gente, adulto, decide trancar eles dentro de uma sala de aula, que nem numa jaula. Tem que mudar isso.

— Mas eles têm que aprender as coisas para a vida adulta. Têm que aprender a viver na sociedade e é na escola que vão aprender.

— Eu não estou sendo contra a escola, apenas acho que, quando o professor é bom, ele conquista o aluno, que vai gostar de frequentar a escola. Ele quebra essa jaula. O professor Evaristo se dedicou bastante ao trabalho, foi atencioso, as crianças aprendiam, todo mundo aqui na fazenda gostou dele, até quem era contra a escolinha gostou. Ele foi muito importante para a instalação da escolinha, ajudou, deu opinião, não foi exigente. Dizia para a gente o que precisava, procurávamos o que tínhamos à disposição para suprir as necessidades dele; se era o que ele precisava, agradecia; se não era, agradecia e adaptava. Sempre usava o que tinha. Era criativo, e as crianças se empolgavam com aquela maneira dele ser. Apesar da dedicação dele, logo vi que seria difícil ele ficar. Era jovem, tinha casado fazia pouco tempo, imagina se iria ficar contente vendo os filhos crescerem e estudando aqui na fazenda, distante da cidade grande. Com certeza iria querer se instalar lá na cidade, onde teria condições melhores para sua própria família. Foi embora assim que pode.

— Ele foi honesto com a gente, avisou com bastante antecedência sobre a saída dele.

— A vida na fazenda não atrai esse pessoal. —analisou Bianca.

— E ele estava certo, tem que procurar o melhor para ele e os filhos; tem que lutar para realizar os sonhos deles.

22.

Foi no final do mês de maio do ano anterior, na manhã de uma segunda-feira, que Domício recebera a visita do professor Evaristo no escritório.

— Bom dia, seu Domício! — cumprimentou o professor ao entrar.

— Bom dia, professor Evaristo! — respondeu Domício.

— Eu gostaria de ter uma palavrinha rápida com o senhor.

O administrador da fazendo conduziu o professor até seu escritório, se alojaram nas cadeiras, e Domício pediu que Evaristo expusesse o problema. Pensou até que ele vinha conversar sobre o Artur.

— Não, não é sobre o Artur que venho aqui conversar com o senhor. Tá certo que ele não é um aluno dedicado e não está entre os melhores da turma, mas é muito ativo e inteligente, então é a atividade que ele gosta que tem que ser bem direcionada nele. Na minha opinião, crianças como ele deviam ser mais bem encaminhadas nas escolas. Infelizmente nós, professores, não temos formação para isso. Existem profissionais formados para essas áreas. O Estado também não está interessado em despertar a capacidade de cada aluno na escola. As escolas existem apenas para que o Estado diga que financia a educação.

Então Domício imaginou que seria algum outro problema, que poderia ser bastante grave. Com algum funcionário, alguma agressão, mesmo que verbal, uma vez que muitos não estavam de acordo com a escolinha.

— A razão que me faz vir aqui é que eu devo deixar a Santo Expedito no final desse semestre. — disse o professor.

— Como assim? — falou Domício, com um tom de contrariedade na voz. — Você vai nos deixar? Por quê? Não está contente aqui? Falta-lhe alguma coisa?

— Não, não falta nada, e estou muito contente aqui. Considero ter sido muito bem recebido por todos. Na outra fazenda que trabalhei, tive reações muito mais fortes contra o funcionamento da escola, tanto que cheguei a reagir e forçaram minha transferência. Aqui eu recebi muito apoio. Tá certo que tive alguns olhares que mostravam desgosto com a minha presença, mas isso foi vencido, foi desaparecendo. Creio que o apoio do senhor, do pessoal do escritório, a dedicação de sua esposa para a instalação, tudo isso foi muito importante para mim. Eu só tenho a agradecer o período em que estou trabalhando aqui, eu e minha família.

— Mas por que então você está indo embora?

— Estive em Sorocaba neste fim de semana, visitando um tio que é meu padrinho. Ele conseguiu uma vaga para eu trabalhar em um colégio em São Paulo. Como eu pretendo continuar meus estudos, trabalhar lá vai ser importante. Se o salário que ganhar for o suficiente para manter minha família, pretendo fazer o curso de direito. Também pretendo que meus filhos tenham acesso a boas escolas, quando crescerem.

— Você pretende deixar de ser professor? Quando chegou, você disse que era o que gostava de fazer, ser professor.

— Eu não pretendo deixar de ser professor, realmente é o que gosto de fazer. Mas ser só professor não é o suficiente para sustentar uma família neste país, a educação é muito pouco valorizada

— Realmente. Eu não pensava que seria tão difícil instalar a escolinha aqui. E o mais difícil não foi conseguir o apoio dos políticos, mas a resistência de gente daqui, pessoas que eu imaginava que mais me apoiariam.

— Essas pessoas parecem trazer um ranço contra a educação da população. E é difícil entender como isso surgiu e se mantém presente. É como esconder comida só para si, imaginando que está se protegendo, deixando os outros morrerem de fome. Quando não existe educação em uma sociedade, toda ela permanece estagnada, o que significa caminhar para trás.

— Essa forma deles pensarem vai atrapalhando tudo por onde passam e a própria educação dos filhos. Isso vai atrapalhar a vida de toda a família para o resto da vida.

— Esse comportamento se reflete nas famílias dos técnicos e dos colonos, em toda a sociedade. Já na escola percebo isso. As crianças de famílias mais bem estabelecidas se apresentarem como superiores, desprezando aquelas de famílias mais pobres. Alguns criam grupos, até tentam formar uma hierarquia dentro da sala de aula. Do outro lado, as crianças mais simples já se sentem inferiores, tornando difícil uma comunicação com elas; isso para a gente, que é professor. Elas são intimidadas diante das outras e de nós. Nessa situação, criam uma barreira, tendo dificuldade de aprender. Muitas dentre elas, ao invés dessa timidez, têm como reação a violência, e aí é muito mais difícil trabalhar. Eu já tive um aluno, na outra fazenda, que riscava no caderno com tanta força, que parecia ter raiva de ter que estudar. Vivia quebrando a ponta do lápis. Raiva de sua própria situação dentro da turma. Uma criança assim, se não for bem direcionada, pode ser o bandido, o assassino de amanhã.

— Eu vejo aí o quanto é importante um professor dentro da sociedade. Ele vai descobrir esses transtornos. Pode corrigir. Vai ensinar as crianças a conviver. Se elas não tiverem esse convívio, viram cavalo xucro, difícil de domar.

— Me desculpe, mas não é domar. É ensinar os diversos caminhos que ela pode ter e saber escolher o que é melhor. É por isso que muitos acham que o trabalho do professor estraga as crianças. Quando a criança se considera superior é porque os pais incutem nelas esse pensamento, que são a elite; da mesma forma o tímido ou o violento, esse comportamento vem da família. Então o professor as estraga, desviando dessas intenções. Para eles, a função do professor é só ensinar a ler, a escrever e as contas de matemática. O professor que não se restringe a isso está estragando as crianças.

— Você é um revolucionário. — disse Domício, sem saber se devia elogiá-lo por sua vontade de melhorar as pessoas ou alertá-lo para problemas que isso poderia acarretar à sua carreira.

— Não, eu não me considero um revolucionário. Não pretendo subverter a ordem, mudar o mundo, revolucionar a sociedade. Minha paixão é ensinar as crianças, não só o abc das cartilhas, mas também da vida. É importante mostrar para cada um desses pequenos seres que eles não só não estão sozinhos no mundo, que não são especiais, mas que cada um representa um grande potencial para todos os demais.

— Desculpe, mas não entendo o que você quer dizer.

— Quando a criança aparece na escola triste, às vezes dando pontapé nas coisas, é comum ela xingar tudo que a envolve, desde a família até a cadeira que vai se sentar. Tudo. O mundo está contra ela. Nós temos que mostrar que o que aconteceu, se foi uma briga, um mal-estar em família, qualquer coisa, foi um caso isolado. E se ela não está de acordo, mostrar que pode mudar isso, que todo cidadão é um agente dentro da sociedade.

— Mas isso é função dos pais.

— Não. A função dos pais é educar o filho dentro de casa, defendê-lo e ensiná-lo a se defender nas relações fora de casa. Quando um filho briga na rua, por exemplo, os pais têm que defender o filho diante daqueles com quem ele brigou, lógico que dentro da razão e da ética. Resolvida a pendenga na rua, os pais têm que conversar entre si, entender o que aconteceu, sem ser unilaterais e sem preconceito. Bem entendidos, vão conversar com o filho, mostrando o que ele fez de certo e de errado, e como deveria ter agido para não ultrapassar os limites, chegando à violência. Os pais têm sempre o dever de defender o filho diante dos outros. Já o professor, se dois alunos brigam, não pode tomar partido, mesmo que perceba a razão de algum dos lados. Isso porque as crianças não entendem o que é certo e o que é errado. O professor tem que conduzir a discussão para que os alunos entendam seus erros e seus acertos sem que se sintam culpados ou superiores. Aparentemente vai fazer a mesma coisa que os pais, no entanto vai valorizar muito mais a convivência do que a competição. Algo como, se os dois tivessem conversado, eles somariam as forças; porém, brigando, eles se anularam. O professor deve ser justamente esse ponto de interação das forças da sociedade. Os pais vão batalhar para que seus filhos se sobressaiam, que sejam os melhores. Os professores devem ser isentos com cada aluno, porque querem que a turma seja melhor.

— Isso é muito difícil de fazer. Aqui na fazenda quase toda semana tem uma briga, e não é de tapa, é briga de faca e revólver. Como que a gente pode mudar isso?

— Nada disso se muda de uma hora para a outra, nem entre uma geração e outra. É um trabalho de longo prazo. Na escola nós temos que levar alegria para as crianças. Quando organizamos brincadeiras, elas aprendem a viver coletivamente. Eu me sinto realizado quando vejo a felicidade delas nessas horas. Então mostro que essa felicidade é uma consequência da convivência entre elas e não do desprezo, sem ter superioridade. É uma forma de entender o mundo em que vivemos e direcionarmos, cada um, a buscar a sua própria felicidade.

Naquele dia, quando caminhava para casa no horário do almoço, Domício estava preocupado. Como contaria para Bianca que o professor iria embora. Ela se dedicara com tanto afinco para a instalação da escolinha e demonstrara tanta admiração pelo professor, que isso poderia decepcioná-la. Um trabalho que assumira com tanto amor poderia não ter continuidade.

— O professor Evaristo veio me comunicar que não vai continuar aqui na fazenda no semestre que vem, depois das férias. — disse Domício com bastante cuidado, depois que ela terminara de colocar a comida na mesa.

— Como assim? A escola vai ficar sem professor? — perguntou Bianca, já mostrando descontentamento.

— Não. Ele vai ficar até o fim do semestre. Ele me aconselhou a procurar o prefeito de Cambará e solicitar já a nomeação de um novo professor para o próximo semestre. Assim as crianças não ficarão sem aulas.

— Ele não está gostando daqui?

— Não é isso. Um parente dele arrumou uma vaga em um colégio em São Paulo, para ele dar aulas. Ele pretende fazer faculdade e ter condição de estudo melhor para seus filhos. É um direito dele, e acho que não está errado.

— Tomara que o prefeito indique logo um novo professor pra começar em agosto.

— Eu vou ainda hoje à tarde falar com ele. — se comprometeu Domício.

23.

— Parece que a população não vê a importância de um bom professor. Aqueles que foram contra a escolinha até vibraram, quando perceberam a incapacidade desse. — disse Bianca para Domício, com muita mágoa.

— O professor Fonseca foi indicado logo. — lembrou Domício. — O major Mendonça foi rápido.

— Na realidade quem demorou para aparecer foi o professor. — lembrou Bianca.

No meio das férias, Domício esteve com o major tratando de assuntos da administração e foi comunicado que tinha um novo nome para substituir o professor Evaristo que devia se apresentar nos próximos dias, ainda antes do final das férias. As crianças não podiam ficar sem aulas. Se ele não aparecesse, era para comunicar à prefeitura, que cobrariam do governador e iriam atrás do professor.

Novamente Bianca ficou animada com a possibilidade de estudos das crianças e a possível dedicação do novo professor. Sua indicação ainda no período de férias havia sido bastante rápida, então ela pensou que era só dar todo apoio para o professor que a escolinha funcionaria tão bem quanto com o professor Evaristo. Pensava que, por serem professores, eram iguais, tinham a mesma dedicação e amor pelo trabalho e pelas crianças.

Como estavam no início da colheita, com aquela trabalheira e corre-corre, Domício não teve tempo de se preocupar com o assunto. O professor só foi dar as caras em final de agosto. Apesar de aquilo ter deixado o casal com uma pulga atrás da orelha, não cobraram dele, nem fizeram qualquer comentário; o receberam bem, como fizeram com o professor Evaristo. Mas não era a mesma coisa, era outro professor, muito diferente do primeiro.

— Aí tem dedo de político. — pensou em voz alta Domício.

— É. — disse Bianca, muito triste, como se o mundo estivesse desabando sobre suas cabeças. — Queremos o melhor para nossos filhos, nossa família, mas não depende de nós. Sempre tem o dedo do patrão, do político ou de um malandro, como foi o caso desse professor. Eles impõem, e a gente não consegue oferecer condições melhores para quem depende da gente.

— Um professor que não sabia ler nem escrever. — disse Domício, bastante enfático e crítico. — A escolinha foi ridicularizada diante dos técnicos. Não falavam na minha frente, mas por trás, depois eu ficava sabendo. "Olha aí, tanto quiseram uma escola e receberam um professor analfabeto".

— Domício, não é nossa culpa, a gente não é responsável pelo funcionamento da escolinha. Aqui só temos que oferecer a infraestrutura para ela funcionar e isso a gente forneceu. Agora, se o professor é ruim, é o patrão, o governo, sei lá, é quem manda aqui que é o responsável. Se estão rindo da gente, são tão ignorantes quanto aquele professor. Tinham é que estar cobrando para fazer a escola funcionar.

— Fonseca, professor Fonseca, como ele exigia ser chamado. — falou Domício, demonstrando clara repulsa por ter sido enganado pelo tal professor e por aqueles que o indicaram e protegiam. — Dizia que era descendente de ex-presidente da república e queria valorizar o sobrenome, como se isso fizesse dele melhor do que os outros. Era prepotente com as crianças, com os colonos, até mesmo com os técnicos; se considerava superior, mas não valia nada, era um lambe-botas dos políticos e dos patrões. Dependia do apoio desse pessoal para se manter e, com isso, valia menos ainda. No exército eu aprendi que os puxa-sacos são os mais incompetentes. Não têm iniciativa, não têm conhecimento para fazer e ordenar fazerem as coisas, estão presos aos outros, não têm liberdade para agir.

— E professor tem que ter liberdade. Criança é imprevisível. Ele tem que ter inteligência e conhecimento para tomar as decisões, quando as coisas acontecem. Caso contrário, se torna arrogante e maltrata as crianças, foi o que aconteceu com esse.

— Até as crianças riam dele. — completou Domício, reforçando o quanto era ignorante aquele cidadão. — Crianças não são burras. Depois que tiveram aulas com o professor Evaristo, aprenderam o que é uma escola e logo perceberam que esse tal Fonseca não sabia nada, não sabia ensinar.

— Sem contar que nunca dava aula, só enrolava, como me disse uma vez o Artur. Estava sempre arranjando uma desculpa para ir para a cidade. O que ia fazer lá, eu não sei.

— Ia buscar apoio político para sair daqui, arrumar um cargo lá na prefeitura e ganhar mais posição social. Será que a tendência deste país é ser sempre uma grande fazenda de café? Onde a população vai estar sempre nas mãos destes coronéis? O destino do brasileiro é viver sempre num carreador de café?

24.

A manhã ainda corria em sua metade, e o professor Fonseca estava diante do escritório como quem não tivesse muito o que fazer durante aquele dia, simplesmente gastando o tempo. Na realidade ele vira um automóvel parado ali em frente, o que era uma oportunidade de carona, fosse para Cambará, para Ourinhos ou para Jacarezinho. O destino não importava, ele só queria se afastar da sala de aula.

— Bom dia, senhor! — Ouviu o professor às suas costas.

Se virou e viu um senhor não muito velho, que ele não conhecia, bem vestido, aparentando uma autoridade, que o olhava de cima em baixo, como a medir, não a sua altura, mas a totalidade de sua pessoa.

— Bom dia! — respondeu.

— Está esperando alguma coisa? Por acaso, uma carona? — perguntou o senhor.

— Sim. O senhor está indo para onde?

— Para Cambará. Terei muito prazer em lhe ser útil.

— Eu agradeço.

— Muito prazer, eu sou o coronel Servero Prates, lá da fazenda Água das Pitangas. — apresentou-se o senhor logo que entraram no carro.

— O prazer é meu. — retornou o professor. — Eu sou o professor Fonseca.

— Eu sei. Já tinham me informado dentro do escritório. — disse o coronel enquanto manobrava o carro para tomar a direção de Cambará. — O amigo está indo para Cambará visitar algum parente?

— Não, eu não tenho parentes na região. Sou de Curitiba.

— Então está um pouco perdido por aqui? Ou tem amigos?

— Estive com o prefeito na semana passada, perguntando sobre a possibilidade de me transferir para o Colégio Estadual. Vou saber se ele conseguiu a vaga para mim.

— Não está gostando da escolinha aqui da fazenda?

— Bem, é difícil trabalhar com filhos de colonos, tem muita ignorância. — disse o professor, um pouco inseguro com o que dizia, estudando bem a reação do coronel, apesar de já saber que esse viera até o escritório protestar contra a presença de escola na fazenda.

— Ignorância é pouco, um bando de vagabundos, preguiçosos e incompetentes. Eu sou contra dar escola para essa gente, é jogar dinheiro fora. — disse o coronel com tal ênfase que até assustou o professor, a ponto de deixá-lo com medo de qualquer manifestação, a favor ou contra a escolinha. — O que que adianta? Vai gastar um dinheirão do Estado, para a criança estudar três ou quatro anos, isso se ficar na escola. Depois volta pra roça e continua trabalhando do mesmo jeito que antes. Quem ganhou com isso? Eles? A fazenda, eu sei que não foi.

— A escolinha está atendendo só filhos de técnicos. — arriscou Fonseca uma colocação, provavelmente pensando em abrandar o radicalismo do coronel.

— Mesmo assim, não pode. Começa com os filhos dos técnicos, depois vem um ou outro colono querendo pôr seus filhos na escola. Não passa muito tempo, tá todo mundo achando que o filho tem direito de estudar. Vira uma greve. Quem sustenta isso? O Estado? Cai tudo nas nossas costas, é a gente que vai ter que arcar. Olha o caso aqui da Santo Expedito, quem está pagando tudo é a fazenda é o dr. Expedito. Vê se o Estado ou a prefeitura deu alguma coisa, nada.

— O meu salário é pago pelo Estado. — arriscou novamente Fonseca, com insegurança na voz, como quem está com medo de afirmar uma verdade e ser malvisto.

— E o que representa seu salário diante dos gastos com o material escolar, com o prédio? O dinheiro gasto no prédio é um investimento que poderia muito bem ser usado para melhorar os ganhos dos colonos. Mas não, querem a educação.

— Eu tenho dificuldade de ensinar os filhos dos colonos, eles não aprendem, são burros, é tempo perdido. — agora Fonseca avançava, afinando com o pensamento do coronel, procurando estreitar a proximidade entre ambos.

— O amigo é formado na capital?

— É... Bem... Eu fiz um curso para professor.

— Escola normal?

— Não. A escola normal é muito longa. Eu aprendi a ler e escrever e depois fiz um curso pra dar aula.

— Então tem diploma?

— Sim, sim. Tem diploma.

"Diploma!!!" Pensou o coronel. "Não deve nem saber ler ou escrever. Com certeza foi indicado por algum político lá da capital."

Para exercer o cargo de professor no ensino primário, era exigida a formação para o magistério, obtida em escola normal, ter o diploma de normalistas. No entanto, não só essas escolas eram poucas no país, como também os formados não queriam deixar seus ambientes de origem, principalmente quando se casavam, resultando em um pequeno número de dedicados para atender às necessidades mais distantes. Com essas dificuldades, as administrações públicas das frentes pioneiras não conseguiam trazê-los das cidades grandes ou das capitais. Não encontrando algum abnegado que aceitasse enfrentar as condições locais, as mais diversas, tais como distância, isolamento, sanitárias, violência, habitações rústicas, o governo nomeava o professor-regente. Então imperava mais a força política e econômica de quem indicava do que a formação acadêmica. Eram pessoas sem qualquer formação para o magistério, geralmente indicada por alguém como um parente, um político, um amigo, alguém que tivesse alguma influência na sociedade local, tendo ocorrido, até mesmo, a nomeação de analfabetos. Esses, facilmente despistavam sua ignorância com faltas e malandragens, que eram aceitas pelas pessoas simples e pelas administrações. Tornava-se mais importante agradar a quem indicou do que a alfabetização da população. E ele podia progredir para a condição de professor em centros maiores, conforme o pistolão que o indicou, elevando seu salário, situação que acontecia tanto nas escolas públicas, como nas particulares, nas rurais como nas urbanas.

— Estive agora tentando convencer o administrador da fazenda a abandonar a ideia, mas não consegui. Ele está decidido a manter a escola.

— Eu acho que é por causa do filho dele, que está na escola. Mas é outro que não consegue ficar na sala, vive faltando.

— Olha aí, jogando dinheiro fora, e para beneficiar o próprio filho. Quer uma escola para o próprio filho.

— Desde que cheguei aqui, só ouvi falar bem dele. Dizem que aumentou muito a produção, organizou a fazenda.

— E daí? Melhorou a fazenda, mas está ganhando mais também, a gente paga, e isso é o que importa. A gente dá a mão, e já querem tudo. Não é porque montou que sabe cavalgar. Quanto tempo ele está na fazenda, dois anos? É pouco. Não é o suficiente para provar que é competente. Vinte e oito foi uma produção excepcional, ele teve sorte. Este ano é de menor produção, mas ele pode ter aproveitado a sorte do ano passado e incentivado os colonos no trabalho. O ano que vem também deve ser de alta produção. Até agora é mais sorte do que competência.

— A Santo Expedito é a única fazenda que tem escola aqui na região?

— Nada. O pior é que não. A fazenda do major Mendonça tem. Eu já tentei convencê-lo a fechar, mas ele é teimoso, não ouve o que a gente diz.

— Ele me parece uma liderança política importante na região.

— Não muito, ele tem seus contatos lá na capital, mas sua origem é São Paulo, seu comércio é por Santos, o que dificulta se impor por aqui. Mas ele é tinhoso. Ele que criou o município, o prefeito é filho dele. É osso duro de roer.

— Ele mora na fazenda e parece já ter um apego pela região. Já levou a ferrovia até sua fazenda, trouxe a eletricidade.

— Sim. Eu tenho muito respeito pelo major. Ele veio para cá bem antes de mim, abriu fazenda quando isso aqui era só mato e agora está aí, muito bem estabelecido. Merece todo o respeito. Mas olha, cá entre nós, você me parece uma pessoa honesta, parente de gente importante, me inspira confiança e acho que posso te falar um segredo. — O coronel, dirigindo, mesmo sendo o único carro à vista na estrada, olhou para um lado, para o outro, como se estivesse cercado de inimigos e prestes a dar uma notícia tão importante e secreta que derrubaria o próprio presidente da república, desconhecida até mesmo pelos espíritos. Fonseca, por sua vez, ficou entre um estado de êxtase, euforia e medo. Êxtase, por se sentir transportado para um patamar de intimidade com um homem de poder na região; euforia, por pensar que se tornaria conhecedor de segredos, intrigas e detalhes sobre as personalidades políticas locais; e medo de se tornar portador de informações que o poderia comprometer no futuro. — Cá pra mim, o major não se sustenta por muito tempo à frente da política aqui na região.

— Mas ele parece estar tão bem? — arriscou Fonseca, com a esperança de obter mais algum crédito do interlocutor.

— Já ouvi dizer que grupos maiores estão querendo vir para cá, os ingleses, por exemplo. E a ferrovia? Por que ela não teve continuidade? Tai uma indicação que o major não está bem como todo mundo pensa.

Até aquele momento, o professor Fonseca emitiu suas falas, evitando provocar ou contradizer o coronel, de forma que as opiniões nem mesmo parecessem ser suas, naquela condição de ouviu dizer, parece que alguém falou. Agora, se sentia um confidente do outro, sentia que sua postura podia mudar, tentar conquistar a confiança daquele fazendeiro poderia ser importante para si.

— O prefeito tem me oferecido uma vaga para dar aulas aqui no colégio estadual, mas não tem conseguido. — Fonseca queria aproveitar o que interpretou como confiança que o coronel depositava nele para obter uma vantagem.

— Viu? Eles não têm mais a força política que todo mundo pensa que têm. E não é porque gosta da região, que tem que dar escola para os colonos. Se continuar assim, eu também vou ter que criar uma escola na minha fazenda para filho dos outros. É esse tipo de gente que está levando à falência a cafeicultura no país. Daqui a pouco, todo mundo vai querer ganhar mais, só porque tem diploma. Desde quando é necessário um diploma para manusear o cabo de uma enxada? Diploma para derriçar o café? Isso o filho do colono tem que aprender cedo, já na labuta. Põe uma enxada na mão dele e já acompanha o pai e vê como colher o café.

— Chegam na aula com as mãos sujas, duras que não conseguem nem segurar uma caneta. Como ensinar uma criança dessas a ler e a escrever? É jogar dinheiro fora.

— Nessas frentes pioneiras, a gente nunca sabe quem apoia quem. Quando tudo caminha bem, cada um quer forçar seu caminho, quer ganhar, tirar proveito. Quando, pelo contrário, tudo é difícil para todos, todos se ajudam na medida do possível, ou pelo menos aparentemente. O solo da região de Cambará tem se mostrado o mais promissor do país para o café. Hoje é a cidade que mais se desenvolve no Paraná, e o major Mendonça tem sido a principal liderança para esse desenvolvimento. Jacarezinho, apesar de ser mais velha, está ficando para trás. O café não se sustentou por lá, a terra não é própria, algumas fazendas estão até se mantendo, mas com muito pouca produção. Ele ainda tem apoio por aqui, mas uma hora tudo muda.

— Aqui é o fim de mundo. A educação não tem que ser para qualquer um. Se todo mundo aprende a ler e a escrever, todo mundo vai querer, condição melhor, vai embora.

— Quem vai sobrar para trabalhar na fazenda? A gente vai ter que sair catando esse pessoal a laço ou vai ter que aumentar o salário para segurar o vadio na fazenda. Mesmo do jeito que está, não gostam da labuta. Se não tiver alguém que fica em cima, alguém que está toda hora cobrando o que estão fazendo, ninguém está preocupado em trabalhar não. Quer ir para a beira do rio, pescar, quer é sombra e água fresca. Eu mando embora. Se meus fiscais encontram um cabra pescando na hora do serviço, eles têm que mandar embora imediatamente, a família inteira. Minha fazenda não é área de férias ou de lazer, é local de trabalho.

— Lá no Estado de São Paulo, principalmente nas regiões mais antigas, já não dá para uma fazenda ficar sem escolinha. Bom era no tempo dos negros que não exigiam nada disso.

— Você tem razão, a chegada dos imigrantes é que mudou essa situação. Começaram a exigir escola para os filhos. Se não tiver escolinha, não segura o trabalhador técnico, e o pior é que são os melhores que exigem escola para os filhos.

Neste momento o coronel começou a rir. Ele era neto de italianos que se casaram no Brasil, ainda trabalhando como colonos em fazenda. Logo depois de casados, juntaram as economias da família e compraram algumas terras no município de São Carlos, no interior de São Paulo. À época, eram baratas porque o solo da região já estava empobrecido devido ao longo período de cultivo, sem manutenção adequada. Investiram o que tinham e conseguiram, em alguns anos, produção e lucro suficientes para outros investimentos. Com a ascensão econômica dos pais, incentivaram os filhos a estudar, tendo ele feito curso de Direito em São Paulo. Apesar de não exercer a profissão, sua formação fora muito importante para suas atividades comerciais, principalmente em âmbito internacional.

É a ironia dos ciclos da natureza que se repetem. A maioria dos imigrantes que vieram para o Brasil emigrou para fugir do novo sistema opressivo que se instalou onde moravam. Naqueles países, ao longo das décadas anteriores à emigração, ocorrera uma transformação do sistema feudal do meio rural em empresas de produção agrícola. Com isso, muitas famílias de colonos foram obrigadas a se transferir para as cidades, onde não tinham habilidades para qualquer tipo de atividade que os capacitassem a um emprego, situação agravada por serem analfabetos e sem condições de acesso a uma escola. A emigração foi a solução oferecida para continuarem vivendo. Outros buscaram outros países por verem suas atividades de barbeiros, marceneiros, perderem a clientela devido ao empobrecimento da população em geral, que deixou de ter condições de gastos com profissionais especializados. Outros ainda até tinham uma boa condição de vida em suas terras natais, mas a propaganda dos agentes de emigração só mostrava a riqueza na outra margem do oceano; abandonaram tudo e para aqui vieram. Todos se apresentavam como colonos, mas muitos eram letrados. Devido à capacidade de ler e de calcular, liam jornais e revistas em sua nova terra, faziam contas e acumulavam economias; em pouco tempo, conseguiam fugir da opressão dos patrões. Com isso, em duas ou três décadas, as novas gerações, instalaram no país um sistema semelhante ao do qual seus ascendentes fugiram de suas origens, se transformaram nos opressores semelhantes àqueles que obrigaram seus avós à fuga, dificultando aqui a formação humana de seus empregados.

As famílias dos avós italianos do coronel tinham vindo para o Brasil com pouco mais do que a roupa do corpo e aqui cresceram, fizeram fortuna e se consideram estáveis dentro da sociedade. Para se manterem com tal poder, julgavam não poder dar espaço para que outros crescessem e tivessem condições de tirar aquilo que conquistaram. Ler e escrever devia ser mantido restrito àqueles que detêm o poder, não podendo ser permitido a todos, muito menos a qualquer um.

— Se tivermos que ensinar a ler e a escrever toda a população de nossas fazendas, vamos à falência, não tem dinheiro que sustente. — disse o coronel, depois de um tempo. — Para que esse pessoal precisa aprender a ler e a escrever? Nem assinar contrato eles precisam.

— Eu conheci um administrador que nem pegava a assinatura do colono. Ele impunha o trabalho e não assumia compromisso algum. O colono só tinha que trabalhar e pronto.

— As compras eles fazem no armazém. — falou Prates, como se o outro nada tivesse dito. — Lá, eles que se acertem com o dono do armazém. Ali eles não vão precisar mais do que os dez dedos das mãos para fazer os cálculos.

— Não precisam mais do que isso. Que se dediquem mais ao trabalho e aprendam a valorizar o que recebem dos patrões, que já é muito.

— Quando ganham um pouco mais, já pensam que têm todo o poder, que são donos da própria vida. Aqui entre nós, esse povo tem que ser mantido sobre controle. A escola só vai criar rebeldia entre eles.

— Aprendendo a ler e a escrever, podem até se achar que são alguém na vida, pensam que podem ganhar um pouco mais, que são melhores que todo mundo. — Fonseca agora expressava a opinião como se fosse uma continuidade à do coronel.

— Por isso que a gente não pode pagar salário melhor só porque sabe ler e escrever. Por mim, os professores deviam ter os menores salários. Afinal, são eles que divulgam essas ideias de melhorar de vida.

— O governo tem instalado escolas em todo município novo que aparece. Isso não é uma boa política, vai estragar a população.

— Esse é um assunto do governo, que ele mantenha as escolas lá longe, que se preocupe com isso, mas não na minha fazenda. Aqui está bom para o amigo? — perguntou o coronel, parando próximo da prefeitura.

— Sim, está ótimo. Vou até a prefeitura falar com o prefeito.

— O amigo vai procurar o prefeito para mais uma tentativa de transferir-se para um colégio na cidade. Eu não acredito que esse que está aí vá fazer isso por você, mas, se quiser uma mão, é só me procurar. Aqui você tem meu cartão.

— Onde eu posso procurá-lo?

— Está aí no cartão?

— Sim. Mas... é...

— Lê aí. Aí está o nome da minha fazenda. — O coronel aguardou um pouco, observando o professor, que mantinha um olhar perdido sobre o cartão, gaguejando palavras inaudíveis. Finalmente falou, saboreando uma vitória sobre a incompetência daquele que se dizia professor, e mais, Fonseca, descendente de ex-presidente da república. — Está aí, Água das Pitangueiras. Chega lá um dia para a gente tomar um café e prosear.

— Ah, sim. Eu vou sim.

— Professor! — pensou o coronel, depois de pôr o carro em movimento. — Tão ignorante quanto os colonos, nem sabe ler. É o tipo de gente que eu gosto, gosta de se fazer de importante. Nesse vai ser fácil de pôr cabresto, vai comer na minha mão, vai fazer política de graça pra mim.

25.

— Será que a tendência deste país é continuar a ser uma grande fazenda destes políticos incompetentes? Cada cidade é uma colônia disfarçada, onde as pessoas se sujeitam ao poder de quem manda? A vida não passa de um carreador de café, onde só se carpe em uma direção, ao colher, se vai de um pé de café para o seguinte e não se pode olhar para o lado, com perigo de briga com o colono no carreador vizinho, com medo que um roube o café do outro? — Bianca ficou irritada depois que Domício a comunicou o afastamento do professor Fonseca, não podia deixar de expressar aquilo que pensava, conversando com ele. — Nossas famílias vivem em fazendas de café há mais de cinquenta anos, e a única coisa que a gente vê nesses patrões é que só sabem plantar café, colher café e vender café. Se surge uma ideia diferente, produzir algodão, por exemplo, são contra.

— Nem disso eles entendem. — falou Domício. — O Brasil produz muito mais do que vende, é por isso que consegue manter o mercado. Se tivesse um país que produzisse em quantidade para competir, o Brasil ia à falência, porque já tem quem produza com melhor qualidade.

— Não está sendo fácil convencer o Artur a ficar na escola. — disse ela, tentando voltar para o assunto da educação do filho. — Mas se não se convence um professor a ficar aqui, nem os políticos da importância da escola, ou os colonos da importância do estudo dos filhos, como convencer um menino? Ele até demostra curiosidade pelas coisas, pela vida prática, mas não tem paciência, não fica cinco minutos sentado diante de um caderno.

— Isso é próprio de uma criança, ele quer correr, quer acompanhar os amigos. A criança que não age assim é doente.

— Também, com um professor como esse Fonseca, nenhuma criança gostaria de ficar na sala.

— Por que você diz isso, mulher?

— Por quê? Por quê? Esse professor é analfabeto.

— Como você sabe disso?

— Eu ouvi alguns comentários, e o próprio Artur me falou.

26.

Bianca não ficou satisfeita com a decisão do marido de novamente conversar com o prefeito sobre a contratação de outro professor. Ela estava entendendo que não seria fácil terem alguém abnegado e competente para trabalhar ali, um local distante dos grandes centros. Se fosse um bom professor, dificilmente ficaria, desejaria uma condição melhor para sua família, iria em busca de uma escola melhor. Se não fosse bom, também iria embora, pois sempre precisam um apadrinhamento para permanecerem no cargo. Nesse jogo de dominó, em que os professores são derrubados por forças externas, tinha certeza de que seu filho novamente reprovaria; a escolinha não traria proveito algum, nem para ela, nem para todos que viviam ali. Ela aceitou a decisão do marido, mas desejava uma solução mais radical, o que não demorou muito para a aparecer.

Bianca sempre mantinha balaios próximos da casa, com palhas de milho, arrumadas para que as galinhas poedeiras o usassem como ninho. Isso facilitava recolher os ovos, mas nem sempre acontecia.

No mês de maio, ela viu uma ave cacarejando, sem estar usando algum desses ninhos. Tomada da máxima atenção, começou a segui-la, sendo levada para o interior da mata próxima. Porém, antes de encontrá-lo, viu Artur fazendo o mesmo, sorrateiro se embrenhava em meio a vegetação. Ela logo percebeu sua intenção, sabia que ele adorava beber ovos crus; fazia um pequeno furo na casca e o virava na boca. Ele devia saber onde era o ninho, aguardou, quando ele deu a dica sobre a posição, o surpreendeu.

— Por que você não está na aula? — perguntou ela.

— O professor que dispensou. — respondeu ele assustado, surpreso e amedrontado.

— Vamos lá conversar com ele então. — disse ela, pegando na orelha do menino.

— Não. Eu não aguento ficar na sala, não entendo nada que o professor está falando lá na frente.

— E andando por aqui, longe da aula, você vai entender menos ainda.

— Eu não preciso ir na escola, já sei escrever. — falou Artur, mais tentando se desculpar pelo que dizia do que convencido.

— Como já sabe escrever? Claro que ainda não sabe. — Bianca soltou a orelha do filho, percebendo que a conversa poderia ser longa. Limpou as folhas e gravetos em uma área no solo e estendeu um galho seco para ele. — Vem cá, escreve seu nome aqui no chão.

Ele pegou o galho e ficou sem saber o que fazer. Ela permaneceu olhando-o com carinho e pensando como deveria agir, como conversar com ele naquele momento.

— Eu sei que o professor não deixou você sair, você fugiu da sala. Isso não pode, não pode fugir da escola e não pode mentir. — afirmou ela depois de um tempo.

— A gente não precisa estudar, ninguém sabe ler e escrever na fazenda. — disse Artur com uma convicção que não parecia ser casual, não apenas como quem tenta justificar sua atitude.

— Sabe sim, tem muita gente que sabe. Seu pai sabe, seu Osvaldo sabe, todos os fiscais sabem, seu avô e sua avó sabem. Tem muita gente que não é da fazenda que sabe, todos seus tios sabem, tem muita gente que sabe. Quem não sabe fica na colônia, trabalhando como colono. Você quer carpir café, quer viver a vida toda nas ruas dos cafezais?

— Não. — Artur tornou-se um pouco ressabiado em suas respostas. Pensou nas brincadeiras; gostaria de ficar pescando na beira do rio, como muitos garotos estavam fazendo naquele momento.

— Não? Então tem que estudar para ter uma vida melhor. É na escola que você vai aprender a fazer outras coisas. Primeiro, tem que aprender a ler e a escrever, para depois aprender outras atividades. Tudo é devagar, tem que ser paciente e inteligente. O papai não vai todo dia trabalhar? A mamãe não está trabalhando todo dia dentro de casa? Você, criança, vai trabalhar lá na escola, tem que ser como o papai e a mamãe, tem que ir para a escola, lá é que você trabalha.

— É, mas os outros meninos estão lá pescando, por que eu não posso?

— Você quer viver como bicho? Viver aqui na mata, comendo ovo, caçando, pescando? Quem vive assim é bicho. Você quer ser gente? Tem que estudar então, tem que aprender a ler e a escrever. Não é porque o papai é o administrador da fazenda que você também vai ser. Cada pessoa tem sua própria vida, a gente nunca sabe o que vai acontecer na vida da gente quando crescer. Você vai para a escola agora mesmo e vai estudar.

— Eu não gosto daquele professor. — disse Artur, depois de pensar um pouco, parecendo medir as palavras.

— E por que você não gosta do professor?

— Ele não é como o professor Evaristo. Ele não sabe ensinar.

— Por que você acha que ele não sabe ensinar?

— O professor Evaristo abria a cartilha e mostrava pra gente cada letra, escrevia igual lá no quadro-negro. A gente tinha que copiar no caderno igual. Depois ele olhava no caderno e corrigia. O professor Fonseca não faz nada disso. A gente rabisca no caderno o que a gente quiser, e ele não confere.

— Ele é professor, estudou em escola, lá na cidade grande, onde ele aprendeu tudo que precisa para ensinar as crianças a ler e a escrever. Você não pode afirmar que ele não sabe ensinar. Ele é diferente do professor Evaristo. Provavelmente vai conferir depois.

— Mamãe, eu acho que ele não sabe nem ler? — falou a criança, com um pouco de medo da afirmação que fazia.

— Como ele não sabe ler? Por que você diz isso? Como é que você pode saber que ele não sabe ler?

— Ele nunca pega a cartilha. Se a gente lê errado aquilo que a gente já sabe ler, ele não corrige.

Bianca ficou intrigada com o que Artur dizia. Só não se sentou para conversar mais longamente com o filho por não ter onde o fazer, onde pudesse se instalar para conversar melhor sobre o professor; ela já tinha ouvido comentários maldosos, e ali poderia ser o momento para descobrir a verdade.

— Filho, me diz o que está acontecendo. Por que você me diz isso?

— O Bepo disse que ia mostrar que o professor não sabia ler. Quando o professor pediu para ele ler, ele leu b ...o ... bo; l ...a ... la, dado.

— Como assim?

— Na cartilha tem uma bola desenhada e do lado tem as letras ... é ... — disse o menino, buscando, com cuidado, a informação na memória. — B ...o ... l ... a, quer dizer, tá escrito bola, que é o que a gente tem que dizer. O Bepo falou dado, e não bola, porque o desenho da bola até parece um dado.

— E o professor aceitou? Não corrigiu o Bepo?

— Não. Ele até elogiou ele.

— Está bem. — falou Bianca, demonstrando seriedade diante do filho. — Mas não é por isso que você pode abandonar a escola. Hoje à noite você vai contar para mim e para o papai essa história, nós vamos ver na cartilha esse erro do professor. Mas você não pode abandonar a escola assim, sem falar com o papai ou com a mamãe. Também não vai ficar falando por aí que o professor não sabe ler. É o papai que tem que resolver isso, nós vamos falar com ele hoje.

27.

O mês de junho estava próximo de seu final, logo viriam as férias, e Artur estava solto pelos rios e matas porque a escolinha parecia representar um martírio para a vida dele. O professor Fonseca foi embora antes mesmo de Domício descobrir sobre seu analfabetismo, simplesmente desapareceu, sem nem comunicar seu afastamento. Depois veio o professor Carlos, que também já tinha pedido transferência, devendo sair ao final do semestre. A escolinha ia completar um ano e meio de funcionamento, porém mais com falta de professor do que com aula. Como uma criança poderia aprender assim?

A administração da fazenda tomava muito tempo do Domício. Ele até se preocupava com a formação do Artur, mas, quando chegava à noite, não se lembrava de conversar com o filho sobre os problemas que tem na escola, nem sempre conversavam sobre isso. Os pais tinham que tomar uma decisão conjunta, conversar. Um dia, após a ceia, quando descansavam, Bianca puxou a conversa de uma forma direta.

— Não está sendo fácil convencer o Artur a ficar na escola. — disse ela, mostrando toda a agonia que sentia.

— Ele ainda é bastante criança, acabou de fazer oito anos, nessa idade a maioria dos meninos ainda nem sabe o que é uma escola. — respondeu Domício, um pouco distraído com o que lia. — Este ano ainda vamos mantê-lo aqui, vou cobrar dele mais vezes.

— Mas se não convence um professor a ficar aqui, nem os políticos da importância da escola, como convencer ele, que é um menino, da importância de estudar?

— Os professores não gostam de morar na fazenda. O salário deles é mais baixo do que na cidade e, como regentes, ganham menos ainda.

— Ele até demostra curiosidade nas coisas, na vida prática, mas não tem paciência, não fica cinco minutos sentado diante de um caderno. — A conversa estava deixando Bianca aflita. Parecia estar malhando ferro frio. Domício parecia acomodado com a situação. — As crianças não estão nem tendo aula. Do jeito que está, não dá para esse professor ficar aqui. Nós temos que colocar o Artur para estudar em uma escola que não tenha falta de professor. Aqui, do jeito que está, ele não vai aprender.

Ela tinha aprendido a ler e a escrever com dedicação e vontade própria. Percebia que as pessoas com grande domínio sobre o conhecimento se projetavam melhor na vida, tinham mais sucesso e mais facilidade em compreender e apreender as dificuldades e os dilemas do viver. Sentia que precisava encontrar uma maneira de fazer seu filho se interessar pelos estudos. No entanto, Domício insistia em esperar o ano seguinte.

— A solução que a gente tem é conversar com os políticos e insistir em ter sempre o professor. — disse ele, mostrando um pouco de confiança nos políticos, coisa que ela já tinha perdido. — Mesmo que eles não fiquem, a substituição tem sido rápida.

— Mas Domício, nós não estamos falando de ir lá na loja pra comprar um produto e aceitar o que o comerciante tem para vender. — falou ela, determinada a tomar uma decisão que não dependesse de políticos, estava decidida a sair das mãos dessa gente. Uma escola que não tivesse esse tipo de influência. — Não podemos ficar dependentes do que os políticos oferecem. Eles estão oferecendo só coisa ruim. Eu não quero que meu filho fique dependendo do que sobra nas escolas melhores e que eles mandam pra cá. Eles transformam as escolas rurais em um mercadinho que só oferece comida podre ou bichada. Aqui até pode ser o fim do mundo, mas a gente não pode aceitar que nossos filhos sejam um produto do fim do mundo. A educação das crianças não pode ficar em uma situação de aceitar o que os outros pensam que merecemos. Acho que nós temos que ir atrás de algo melhor.

— Então mulher, o que você tem como sugestão.

— Está na hora da gente procurar uma escola melhor para o Artur. Ele já reprovou o ano passado e este ano parece estar pior ainda. Nem aprender a escrever direito, ele aprendeu. Aqui ele está patinado, se os políticos e os professores incompetentes estão enrolando a gente, a gente está enrolando a criança. Como podemos desejar sucesso na vida do filho? Não estamos oferecendo condições para ele ser alguém na vida.

— Mas para ele estudar em Cambará ou Ourinhos, ele vai ter que morar longe de casa.

— Se for necessário e melhor para o futuro dele, é o que temos que fazer.

— Bem, eu tenho que ir a Cambará para pedir ao prefeito a substituição do professor, não vou abandonar a escolinha só porque meu filho vai sair daqui. Tenho que conversar com os prefeitos de Cambará ou de Jacarezinho, para não deixar a escola morrer. Além do mais, acho que o próprio dr. Expedito prefere que a escola continue do jeito que está, ou até feche. Não vai adiantar conversar com ele. Então aproveito para fazer uma visita a minha irmã e saber sobre a escola pública que tem lá.

— Ou em Ourinhos. Quando você for a Ourinhos, é bom fazer uma pesquisa sobre as escolas de lá. Eu sei que tem um grupo escolar que é do governo, tem escolas boas lá, tem até uma escola que chamam de externato. Você devia ver como funciona.

— O externato é pago. Eu já estive perguntando sobre as escolas de Ourinhos. Me disseram que o Rui Barbosa, que é o externato, é muito bom, mas é caro. A gente até pode pagar, mas é caro. Vou atrás disso antes do fim de semana. Em Cambará ele pode ficar na casa de minha irmã. Vendo os primos indo para a escola, talvez ele se anime a estudar. Já em Ourinhos, a gente não tem parente, onde ele possa ficar.

— Eu também estive pensando em colocá-lo para estudar em uma escola em Ipaussu, lá ele pode ficar na casa de um dos meus irmãos ou até mesmo na casa de mamãe. Nessas cidades terá os primos, vai ter uma convivência melhor do que aqui.

Bianca percebia que Domício estava tendo a mesma percepção que ela. Ele sabia que não era questão do dinheiro, que seria usado pela empresa para pagar um salário melhor para manter o professor ali na fazenda, dedicado à escola. Sabia que o patrão não toleraria uma formação escolar melhor para aquela população, consideravam que uma população estudada colocaria em risco o controle que tinha sobre seus empregados.

Ela não estava preocupada só com o Artur, apesar de ser ele quem estava com idade de estudar. Não aceitaria que a Augusta, só porque era menina, ficasse sem estudos. Também tinha o Ângelo, ela queria estudos para todas as crianças da família, mas não conversaria muito com Domício sobre essas ideias naquele momento. Ainda não tinha muita segurança se ele aprovaria estudos para as meninas.

28.

Nos dias seguintes, Domício procurou conversar sobre as escolas de Ipaussu, Ourinhos e Cambará, com quem fosse possível, inclusive até viajando, especialmente em busca de informação. Em passagem pela última, fez uma visita à sua irmã e ao cunhado para saber sobre o Colégio Estadual Dr. Generoso Marques, onde os filhos deles estudavam.

— É um excelente colégio, se analisarmos o que temos na região, afinal é o que temos. — informou o cunhado. — Existe dedicação, quase não tem falta dos professores, as crianças estão sempre com trabalhos para fazerem em casa.

— Nós não estamos conseguindo segurar um professor lá na escola da fazenda, eles não querem ficar, não se adaptam. — falou Domício.

— Os professores daqui, apesar de se dedicarem e gostarem do que fazem, não têm um preparo muito bom. — comentou o cunhado. — É difícil a gente criticar.

— E não adianta querer reclamar. — disse a irmã. — Se a gente propõe conversar sobre um professor incompetente, logo vem a desculpa que o filho da gente é que é burro. Que a escola não é para criança assim. Que é o filho da gente que está atrapalhando o trabalho das outras crianças na escola. E a gente fica com medo de perseguição do filho e fica quieto.

— Muitos deles não são formados, são indicados por algum político ou parente. — acrescentou o cunhado. — Como são indicados, tem um compromisso com algum costa-quente, são puxa-sacos, cabos eleitorais. Muitos estão ali justamente para atrapalhar o trabalho dos outros, dos que são competentes.

— E os pais também não reclamam, aceitam que a culpa é do filho. — completou a irmã. — Como uma criança tem culpa de não conseguir aprender? Como uma criança tem culpa de um professor ser analfabeto, não sabe ensinar? Não tem nem como tirar esse professor da escola.

— Então, você vê que o problema não é só lá na escolinha. É bem maior. Não é problema deles, é o governo, esses políticos que não estão preocupados com a educação do povo. — finalizou o cunhado.

No escritório conversou com Osvaldo sobre as escolas que ele conhecia, e eram muitas, uma vez que sua família era grande, tinha parentes morando em mais de uma das cidades próximas.

— Você sabe como é o Externato Rui Barbosa? — perguntou Domício. — Estou pensando em pôr o Artur para estudar em algum colégio, tirá-lo daqui da escolinha.

— Eu tenho sobrinhos que estudam lá, e tenho ouvido falar muito bem dela. — respondeu Osvaldo. — Todos os professores são formados, bastante dedicados.

— Aqui está difícil de manter ele na escola, vive fugindo e indo pescar, é o que mais gosta.

— Criança não gosta de estudar, isso é normal. Talvez com professores mais dedicados ele se interesse mais.

— Me falaram que os professores do Rui Barbosa são os mesmos do Grupo Escolar do Estado.

— É, creio que sim. A região não tem tanto professor pra sustentar dois colégios grandes. Eles acabam contratando quem se disponha a ensinar.

— Então lá também pode ter professores analfabetos, como tivemos aqui?

— Infelizmente sim. Sempre tem onde comprar um diploma, sem precisar estudar ou frequentar as aulas. E não só indicados por políticos, mas também ao gosto do dono do colégio, contratando parentes. Uma vantagem é que o patrão cobra mais, e eles faltam menos.

— Mas aí o problema pode até ser maior. — falou Domício, depois de pensar um pouco. — Se o professor ensina errado, ao gosto do dono do colégio, pode até deseducar o que a gente já educou. Não resolve um problema e ainda cria outro maior.

— Isso é verdade. Aqui você percebeu o problema, por sorte o próprio professor foi embora. Se não tivesse sido assim, se ele não tivesse pedido afastamento, você teria força para trocá-lo, mandá-lo embora. Lá é diferente, quem tem força para resolver esse tipo de problema, dentro de uma instituição do porte do Colégio Rui Barbosa? O proprietário é quem contratou, o estudante é criança, pode até reclamar com os pais, e o que eles podem fazer?

Nada. Se reclamarem, o proprietário vai dizer "o colégio é meu, eu sou entendido em educação" e pronto. A população fica nas mãos de gente assim, mesmo sendo bons profissionais na educação, não arriscam perder dinheiro em sua empresa. Infelizmente a população não sabe nem como cobrar.

Antes do final das férias, Domício tinha tomado sua decisão, colocaria Artur para estudar no Externato Rui Barbosa, em Ourinhos, que considerou a melhor opção para a formação do filho. Depois de sua viagem até aquela cidade, acertando todas as condições para a permanência e estudo do filho, ele comentou com a esposa.

— Estive lá no externato e fiz a matrícula do Artur no primeiro ano primário. Aqui está a lista de material que ele vai precisar.

— Como que ele vai ficar lá na cidade? — perguntou Bianca.

— Como a gente não tem parentes em Ourinhos, conversei com seu Benedito da farmácia, ele pode ficar na casa deles. Eu matriculei para ele estudar de manhã, das seis e meia até as dez horas. Depois, durante o resto do dia, pra ele não ficar vadiando pela cidade, ele vai ajudar na farmácia. O Benedito não quer qualquer ajuda econômica, principalmente se ele ajudar no balcão. A farmácia fecha às nove da noite.

— Mas ele tem que estudar, ter um tempo durante o dia para fazer as tarefas da escola.

— Sim. Eu insisti que isso é a prioridade. Ele pode e deve ajudar na farmácia, até aprenderá uma profissão, mas insisti com Benedito que tem que deixar um horário para ele estudar, fazer os deveres de casa.

À noite, quando estavam à mesa, Domício comunicou ao filho a decisão do casal.

— Eu vou trabalhar na farmácia? — perguntou o menino com entusiasmo, por ser uma novidade.

— No início você vai ajudar na limpeza, arrumar os remédios nas prateleiras. — explicou o pai. — Não vai vender remédio.

— Você vai ter que aprender a ler para saber identificar os remédios que os clientes estiverem pedindo. — interveio Bianca, que era muito prática e objetiva mesmo em suas conversas com crianças. — Não pode ficar entregando remédio sem saber qual é, qual a doença do doente, qual a necessidade do cliente; nesse caso só quem sabe ler consegue saber o que está escrito na caixa, que remédio que é, para qual doença que serve, quanto do remédio que tem que tomar. Tem que ler muita coisa para ser farmacêutico.

— Eu já sei ler. — afirmou Artur com convicção.

— Não sabe. Escuta, a mamãe já mostrou que você não sabe. — falou Bianca, com um sorriso carinhoso para o filho. — Não soube escrever seu nome no chão, nem uma letra você escreveu!

— Eu vou ganhar algum dinheiro? — perguntou Artur com ansiedade.

— Você vai ganhar cama, comida e aprender a ser farmacêutico. — explicou Domício. — Dinheiro você não vai ganhar não.

— O papai vai dar um dinheiro por semana para você comprar algum doce no bar, mas tem que pensar em economizar, guardar dinheiro para coisas mais importantes. — completou Bianca.

O ano passou e não foi favorável aos estudos do Artur. No primeiro semestre, sua aprendizagem na escolinha foi fraca, o que dificultou seu acompanhamento com a turma do externato no semestre seguinte e o levou à reprovação ao final do ano. No primeiro semestre do ano seguinte, seu desempenho não refletia o esperado em uma escola melhor.

— Estive com o diretor do colégio, e o Artur continua como no ano passado, as notas dele não estão nada bem. — afirmou Domício para a esposa.

— É o trabalho dele na farmácia que atrapalha, não devem estar deixando ele estudar e fazer os deveres, não estão dando o tempo que ele precisa. — disse Bianca, angustiada, buscando uma explicação para algo que parecia fugir ao alcance de suas mãos.

— Não sei. Mas, se ele não estuda, é melhor que ele trabalhe, pelo menos ele aprende uma profissão.

— Meu irmão mudou-se para Ourinhos, a gente pode pôr ele na casa de meu irmão.

— Ele pode ficar na casa do tio, mas deve continuar a trabalhar na farmácia.

— Morando na casa do tio, a farmácia deve estabelecer um horário para o trabalho dele. Assim a gente pode controlar melhor quando ele vai estar lá e quando terá tempo para fazer os deveres de casa.

Já no dia seguinte Bianca foi para Ourinhos conversar com o irmão e transferir o filho de residência. O casal, que gostava muito de crianças, não só acolheu o sobrinho com prazer, como também se dispôs a receber a irmã, Augusta.

— Não precisa mandar dinheiro pra gente, não. — disse o irmão com entusiasmo. — Aqui eles vão ficar muito bem.

— Pode ter certeza de que a Augusta vai até me ajudar aqui na casa a cuidar das minhas crianças. — emendou a cunhada, apresentando um argumento para convencer.

Bianca voltou para casa contente, além de alojar o filho na casa do irmão, em quem, logicamente, confiava mais do que no farmacêutico, já encaminhava a filha. Não seria por ser mulher que ficaria sem aprender a ler e a escrever. Pensava ela "quem sabe, juntando os dois, o Artur não se animaria em seus estudos?". Além do estímulo ao irmão, ela faria sete anos naquele período, e já era idade escolar, idade para aprender a ler e a escrever. No colégio aceitaram a matrícula da menina, mesmo em meio ao ano letivo.

Ao longo do segundo semestre, Domício esteve, mais de uma vez, no colégio, conversando com o diretor. Numa das oportunidades, este foi direto em suas colocações.

— Artur está faltando muito às aulas, os professores não estão conseguindo animá-lo nos estudos, se continuar desse jeito, ele terá os mesmos problemas que no ano passado. Já Augusta está muito bem, é estudiosa e dedicada, bem diferente do irmão.

Depois esteve na farmácia e na casa do cunhado. No primeiro caso, estavam contentes com ele. Elogiaram sua ajuda e disseram que estava dando conta das atividades que lhe atribuíam. Já a cunhada alertou que o menino não se concentrava para fazer os deveres da escola.

— Ele é muito disperso, fica com o olhar perdido, como quem está pensando em qualquer coisa, menos na tarefa. — disse a cunhada. — Parece que está sempre sonhando. Além disso, está sempre apresentando alguma desculpa para sair, é ir à farmácia, fazer uma compra na padaria, não tem traquejo para o estudo.

— O Artur não está dando conta do estudo de novo. — Domício alertou a esposa à noite, em casa. — Estive com o diretor, e ele me disse que está do mesmo jeito que no ano passado. A Augusta está bem, mas ele não.

— O que a gente vai fazer para esse menino estudar?

— Durante o dia, está trabalhando lá na farmácia, parece até que cumpre bem as funções. À noite ele desaparece, foge da escola. Como gosta de pescar, desconfio que é isso que vai fazer.

— Aí, minha Nossa Senhora, isso é perigoso. O que a gente vai fazer?

— A solução que vejo é a gente se mudar, para Ourinhos ou para Cambará, para poder cuidar melhor dele, digo dele, porque a Augusta está bem.

— Você vai deixar a fazenda?

— Não, não será necessário. Tanto de uma cidade como da outra, eu posso facilmente vir pra cá, a cavalo e, se o caso for urgente, em menos de uma hora, chego aqui. Em Cambará, temos mais conhecidos, e as pessoas, conhecendo a gente, inclusive na prefeitura, vai ser mais fácil achar uma casa para alugar.

29.

O casal Domício e Bianca estava vivendo um grande dilema com relação à educação dos filhos. Todos os esforços que empregavam para que o filho se interessasse pelos estudos foram inúteis. Primeiro foi a instalação da escolinha na fazenda, onde tiveram dificuldade de ter um bom professor atendendo aos alunos. Depois o colocaram em um colégio particular, considerado de melhor qualidade, em uma cidade com melhor estrutura. Além de estudar, ele trabalhava, morando na casa dos patrões. Ele não conseguiu acompanhar a turma, provavelmente devido às deficiências não corrigidas nos períodos anteriores. Por fim, mantendo-o na mesma escola, o colocaram em casa de parente, com uma irmã menor, tentando alternativas para incentivá-lo nos estudos. A irmã progrediu nos estudos, mas ele continuava alheio a tudo o que dizia respeito a escola, não descobriam o que pudesse interessá-lo e o fizesse estudar. Onde estava o erro?

Até que ponto a culpa era da criança? O primeiro professor da escolinha até o elogiava, dizendo que era um menino inteligente e ativo; que desempenhava bem as funções; fazia as tarefas quando atraíam sua atenção; mas não tinha a capacidade de concentração nos estudos. Será que os pais falharam em sua responsabilidade de direcionar o interesse do filho para a escola? Em mostrar para ele a importância dos estudos para o futuro de uma pessoa? Nesse caso a pergunta é mais complexa: como eles, pessoas que não frequentaram escolas, poderiam ensinar ao filho a estudar? E mais, como eles, que foram empurrados pelas circunstâncias da vida, que exige saber ler e escrever, e sobreviveram, mesmo não tendo total domínio deste conhecimento, despertariam no filho a vontade desse aprendizado?

Quando sentiram que chegara o momento de encaminhar o filho para a escola, se sentiram orgulhosos, teriam um filho numa escola e até imaginavam que seria fácil convencê-lo da importância de saber ler, escrever e fazer contas. Contudo, depois de uma batalha de três anos, de conversar com diversos professores e amigos, perceberam que a educação de uma criança não era só isso, só encaminhá-la para uma escola. Os principais problemas para essa formação fugiam dos espaços do lar.

Nunca fora exigida dos colonos a alfabetização, mas ela se tornava indispensável com a evolução da sociedade. O carreador analfabeto não seria eterno, um dia deixaria de existir ou de ser a única oportunidade para uma nação. As novas oportunidades só seriam conhecidas no futuro. Como preparar uma criança para esse futuro desconhecido? Qual pai ou mãe está preparado para prever esse futuro? O casal sentia que fugia de suas condições e formação, a socialização da criança entre seus iguais; despertar interesses próprios nos pequenos, para desenvolverem capacidades ou habilidades específicas; direcioná-los para atividades profissionais, em que, cada um poderia ocupar um nicho na sociedade e, no futuro, oferecer o melhor de si para uma comunidade.

Essas crianças estavam sendo preparadas para serem adultos dentro de oito a dez anos. Como os pais podiam preparar uma criança para o futuro, quando seu campo de visão pouco ultrapassa os limites da fazenda? Educar uma criança limitada a esse espaço era acreditar que o futuro continuaria a ser a grande fazenda. Era indispensável que os filhos estivessem em mãos de escolas mais bem preparadas. Mas isso não existia. As escolas da região estavam preocupadas em ensinar a criança a ler e escrever e consideravam isso, apenas isso, seu trabalho. O governo e os políticos não tinham competência. Essa era a verdade. Eram incompetentes para criar escolas que despertassem, que preparassem, a população para um futuro melhor.

Depois de o casal ter conversado bastante, chegaram à conclusão de que só conseguiriam realizar o sonho de uma formação completa para os filhos com sacrifícios próprios, que era o momento de repensarem a prioridade de suas vidas. Até ali, o trabalho de Domício, que sustentava a família e dava uma perspectiva de futuro melhor para todos, tornava-se suplantado pela necessidade da educação dos filhos para a sociedade. Só conseguiriam despertar o interesse dos filhos pela escola, se eles também se envolvessem, agissem como se, eles próprios, tivessem a necessidade dessa escola.

Tomaram a decisão de se mudarem para Cambará ainda antes do início das aulas, para que o filho começasse com toda dedicação da família. Domício faria a cavalo diariamente o caminho entre a cidade e a fazenda, quase treze quilômetros. Bianca, mesmo estando no oitavo mês de gravidez, não questionou o trabalho que teriam para a mudança, instalação na nova casa e aumento dos cuidados dos filhos em sua preparação diária para as aulas.

Domício foi a Cambará e procurou casa para alugar, encontrando uma próxima do colégio. Fechou o contrato com o proprietário, depois de levar a esposa para conhecê-la e dar o aval. Depois foram juntos ao Colégio Estadual Dr. Generoso Marques para matricular os filhos Artur, Augusta e Ângelo, todos no primeiro ano primário, no período da manhã, horário em que eles estariam convivendo com crianças aproximadamente da mesma idade. No entanto, Artur não gostou, ele pretendia arrumar um trabalho e estudar à noite. No período noturno estudavam alunos com mais idade, que trabalhavam durante o dia. O pior seria a desorganização que traria para a casa, tendo as crianças horários diferentes. A família tinha o costume de dormir cedo, madrugando para o trabalho. Com um estudando à noite, teriam que esperá-lo voltar da escola, servir um lanche para ele, para só então irem dormir. Porém, Artur insistiu que queria trabalhar e estudar, já trabalhara em Ourinhos e ali ele daria conta das duas atividades. Domício preferiu fazer a vontade do filho e o matriculou à noite. Conseguiu um emprego numa loja de secos e molhados, loja comercial que vendia de tudo. Se, ao final do ano, ele não fosse aprovado, Domício teria mais argumentos para os anos seguintes. Perderia mais um ano, mas ficar sem estudar ele não deixaria.

Quando correu na fazenda a notícia de que a mudança do administrador para a cidade era para dar aos filhos melhores condições escolares, muitos daqueles técnicos que foram contra a instalação da escola na fazenda se regozijaram. Alguns procuraram Domício no escritório para mostrar que eles é que tinham razão quando foram contra.

— Você está mudando para Cambará por que a escola aqui não funcionou? — perguntou um deles.

— Não. — respondeu Domício, sentindo que o queriam intimidar, mas não se entregando. — A escola aqui vai continuar. Eu consegui um novo professor para o início do ano que vem.

— Mas então por que não mantém seus filhos aqui?

— A escola de Cambará é melhor. A cidade também tem uma estrutura melhor, e a família vai viver lá com mais conforto. Também é uma forma de evitarmos que nossos filhos convivam diariamente com a violência que a gente vê aqui na fazenda, onde as brigas entre colonos e funcionários é diária. Eu não pretendo oferecer para meus filhos um futuro, única e exclusivamente, preso aos carreadores de café. Lá eles terão outras oportunidades e provavelmente um futuro melhor.

A desmoralização da educação que essas escolas precárias imprimiam na cabeça dos alunos os desestimulava, bem como seus pais e toda a comunidade; não atingia só a rural, mas toda a frente pioneira. Essa formação não prejudicava somente aquela fase do desenvolvimento da criança, mas, de uma maneira geral, também toda a sua vida, todos que se encontravam em condições semelhantes e, consequentemente, todo o futuro da sociedade e de todo o país. Quantos desses se tornaram pais que não viam necessidade de enviar seus filhos para as escolas? Viam o futuro de seus filhos unicamente como a necessidade de trabalhar e ganhar dinheiro para se sustentar e a ajudar no sustento da família. Quantos não vieram a afirmar "Eu não precisei estudar para ser o que sou, por que eles precisam"?

Na segunda-feira da última semana de fevereiro, Bianca acordou os três filhos mais velhos, anunciando que tinham que se preparar para ir para a escola, e Artur ia para o trabalho. Artur contestou, ele não precisava se preocupar tanto em se arrumar como os outros, gastaria menos tempo e podia ficar dormindo mais um pouco. Domício não deixou, foi categórico, trabalho é trabalho, e não pode ficar enrolando. Augusta se arrumou sozinha, já conhecia a rotina que tivera no ano anterior. Para Ângelo tudo era novidade. Sonolento, como geralmente as crianças acordam, mas desperto, uma vez que, nos últimos dias, os pais e irmãos mais velhos fizeram muitos comentários sobre o que era uma escola.

Os dias que antecederam o início das aulas foi de muita atividade na casa. Bianca comprou cadernos, cartilhas, livros, lápis pretos e coloridos, canetas, borrachas e apontadores, além de uma bolsa escolar e avental para cada um, um material próprio para seu nível de estudos, e isso aguçou a curiosidade infantil. Os pais e irmãos mais velhos foram pródigos em explicar para que servia cada um dos objetos. A criança, ao receber o material, naturalmente evolui para um novo patamar em sua formação. Até esse momento da vida, receberam muitas coisas materiais, como roupas, comida, que são necessidades desde os tempos de bebê, um processo natural, que não desperta nelas um sentido de posse, e brinquedos, que ganham por serem crianças, muitas vezes até mesmo para se acalmarem em seus choros e birras. Agora era um material escolar, entregue com certa cerimônia, cobrando responsabilidades no uso e nos cuidados. Determinações mais intrincadas de fazerem como ler, escrever, rabiscar, desenhar, copiar, pintar, apagar, que, para eles, pela necessidade de ter alguém desconhecido para ensinar como fazer, e não serem ensinados pelos seus próprios pais, devia ser muito difícil, muito complexo.

Além disso, seriam transportadas para um mundo distante da presença de seus pais, se encontrariam sozinhas em meio a pessoas desconhecidas. De um lado, ouviam as alegrias que a escola proporcionaria ao conviver com outras crianças, que não eram os irmãos, que vinham de outras famílias e que ali todos estavam juntos em uma sala, diante de uma professora e todos conviviam como faziam em casa, todos juntos. O que é uma sala? Diferente da sala que temos em casa? O que é uma professora? O que é um quadro-negro? A escola, já sabiam, era aquele prédio grande que estava lá do outro lado da praça. Mas o que tem lá dentro? Até já tinham brincado de escolinha com a irmã mais velha, mas estavam com os irmãos, a professora era a irmã, elas conheciam, e não tinha um quadro-negro. Por outro lado, os pais afirmavam a importância da escola na formação da pessoa: iam para a escola aprender a escrever e a escrever o próprio nome; como o papai e todo aquele que sabe ler, escrever e fazer conta, viveria melhor.

Quando então saíram para a rua com seus guarda-pós impecáveis, começaram a sentir uma tensão, tinham à frente o desconhecido. O que enfrentariam? Como deveriam se comportar? Ângelo, menino, saiu à frente, mais rápido, como quem quisesse se distanciar da irmã, como quem já tivesse conhecimento de tudo que o esperava. Porém, ao chegar à esquina, parou, olhou para trás, tentando disfarçar a preocupação com a irmã. Augusta o acompanhava; parecia perceber a sua insegurança e procurava incentivá-lo. Bianca observava todos da janela de sua casa.

Para muitos é um momento que marca em suas vidas uma lembrança, que permanecerá por muito tempo. A condução desse momento por pais e professores pode atuar significativamente no comportamento que o adulto terá em sua personalidade. O sair de casa, o encontrar-se sozinha em um mundo desconhecido, a convivência diferente, toda essa transformação pode ser uma violência para a própria criança, mas pode ser a descoberta de um mundo novo, de sonhos e promissor, que anima e a educa para uma vida saudável.

Ainda, pouco depois que se instalaram na casa, Bianca sentiu a sensação de preparar os filhos para irem à escola, vestindo-os com os uniformes determinados pelo regulamento, um guarda-pó branco. Na fazenda, apesar de os professores pedirem aos pais que encaminhassem os filhos sempre bem apresentáveis, nem sempre isso acontecia. Ela tinha cuidados com o filho, mas a consideração que a sociedade dava à educação das crianças não trazia empolgação. Em Ourinhos o filho foi entregue aos cuidados de pessoas que não eram da família e depois para a cunhada. Agora estavam em suas mãos. Ela fez roupas novas para cada um, para dar um significado especial para aquele momento. Sabia que, se dedicando em arrumá-los, deixando-os bem apresentáveis para a escola, poderia cobrar mais dos estudos. Por isso, manteria suas roupas escolares bem limpas e passadas, eles se apresentariam sempre impecáveis. Depois, quando voltavam, queria saber como tinham sido as aulas, cobrava que fizessem os exercícios dados pelos professores para treinar em casa, naquilo que fosse possível. Dentro do conhecimento que tinha, ela os acompanhava. Aquela rotina de todo dia tornou-se uma satisfação para ela, que ficava feliz vendo-os saírem de casa, indo para a escola, vestindo roupas que os diferenciavam do dia a dia.

Ao final da manhã, as crianças voltavam para casa; chegavam famintas e agitadas. Todas queriam falar ao mesmo tempo e queriam descrever suas experiências. Bianca, enquanto colocava a comida na mesa, começava a organizar.

— Calma! Se todos falam ao mesmo tempo, eu não consigo ouvir o que cada um está falando. Um de cada vez. Vamos ouvir o

Ângelo, que foi hoje pela primeira vez para a escola. Ângelo, você gostou da escola?

Domício, sentado à cabeceira da mesa, expandia seu sorriso maroto observando todos e cada um ao mesmo tempo.

— Eu gostei. A sala estava cheia de criança. A professora até se sentou do meu lado e me ensinou a escrever. — respondeu Ângelo.

— E o que você escreveu? — perguntou Bianca.

Ângelo elevou levemente os braços, dobrou as mãos para fora, com as palmas para cima, contraiu o rosto pensando.

— Num sei! — disse depois de um tempo.

— Então você gostou da professora? — voltou a falar Bianca, tentando incentivá-lo.

— Às vezes ela fica braba. — completou a criança. — A gente não pode conversar que ela manda ficar quieto.

— Mas você não vai pra escola pra conversar, e sim pra aprender. — comentou Domício. — Quem ensina é a professora. Todo mundo tem que ficar quieto para ouvir ela ensinar. Se todo mundo ficar conversando, ninguém vai ouvir ela falar, não é assim?

PARTE VI

O FUTURO PERTENCE À EDUCAÇÃO DO PRESENTE

30.

Em sua nova vida, a cada manhã que passava, Bianca sentia a perspectiva de um futuro promissor para seus filhos, quando os encaminhava para a escola e os acompanhava com o olhar até desaparecerem na primeira esquina do quarteirão. Em seguida voltava para seus afazeres domésticos, para as atividades que se repetiam e se repetiriam ao longo de toda a sua vida. Em sua simplicidade e dedicação à família, ela não tinha como saber o real valor desse seu ato, principalmente vivendo em uma sociedade que sofreria uma transformação radical nos cinquenta anos seguintes.

Ao longo desse tempo, o avanço da tecnologia quase colocaria o mundo nas mãos de qualquer criança, se não, não demoraria muito para fazê-lo. O transporte reduziria as distâncias, as comunicações colocariam cidadãos de todo o planeta lado a lado, e a biotecnologia prolongaria a vida das pessoas, aumentando sua existência e justapondo um maior número de gerações em convivência. Nessa enxurrada de transformações, as florestas das regiões Norte, Noroeste e parte do Oeste do Estado do Paraná seriam substituídas, em sua quase totalidade, por fazendas de café, numa velocidade que Londrina surgiria e, em poucos anos, se transformaria na cidade com o maior ritmo de crescimento do país. Só ela atingiria uma população que quase se igualaria à do Estado na época em que começamos a contar esta história.

Em uma praça central da cidade, já tarde da noite, um grupo de pessoas conversava sobre condições salariais, assunto tratado em uma reunião que colocou lado a lado trabalhadores da construção civil, bancários e professores. Alguns amigos participantes do mesmo movimento se aproximaram e relataram uma emergência. Membros dos três grupos profissionais que afixavam cartazes sobre as reivindicações, ao longo de ruas de um bairro predominado por prédios, estavam sendo ameaçadas por ocupantes de dois ou três carros. As pessoas passavam por eles, abriam as janelas e diziam palavrões, chegando a ameaçar o uso de armas. Vieram ali para buscar ajuda. O grupo formado seguiu para a região, já deserta àquela hora da noite

Quando todos estavam no local, um dos carros apontou na esquina próxima e foi em direção ao grupo, que formou uma barreira transversal à rua, estendendo pedaços de caibros no asfalto, à sua frente, forçando o veículo a parar. Os dois ocupantes foram obrigados a descer e crivados com uma saraivada de perguntas.

— Quem são vocês? O que estão fazendo aqui?

— A gente mora aqui perto, aí na frente. — foi a resposta que deram.

— Mas já é a terceira vez que passam por aqui.

— A gente está curioso com o que vocês estão fazendo.

— Mas e na cintura, por que esta arma? Pra quem vocês estão trabalhando?

Provavelmente se, naquele momento, não estivessem juntos três grupos de profissionais de comportamento distinto — professores mais contidos quanto à violência, funcionários da construção civil, que usam a força em seu trabalho, e bancários, situados em meio a esse espectro — diante de uma situação como aquela, tudo teria caminhado para uma briga generalizada e violenta. No entanto, o confronto não avançou além de perguntas contundentes, respostas evasivas, ameaças e deixas-disso de ambos os lados.

Quase uma hora depois, algumas pessoas de lados opostos se reencontraram por acaso, em um quiosque de lanches da madrugada e retomaram uma conversa, agora mais amena.

— Você seria capaz de puxar a arma contra aquelas pessoas que trabalhavam, reivindicando melhores salários? — perguntou um dos professores ali presente.

— Claro que sim? Por que vocês têm que fazer greve? — respondeu um dos homens que estava no carro barrado.

— Mas o que você tem a ver com a vida dos outros?

— Se vocês têm aumento de salário, meu tio também vai ter que dar aumento para seus funcionários, e aí não tem firma que aguente.

— Então você é sobrinho do dono da construtora. Estava defendendo a sua herança.

— Não. — respondeu o outro meio contrafeito e disfarçando um riso envergonhado. — Eu chamo ele de tio, mas a gente não é parente. Ele é meu padrinho.

— Qual é o seu nome?

— Márcio Prates.

— Por acaso você é parente de Servero Prates, lá de Cambará? — perguntou o professor, depois de pensar um tempo, como a encontrar alguma informação na memória.

— Ele era meu avô.

— Mas ele era muito rico, pelo que eu sei. Como você trabalha como guarda-costas desse dono de construtora?

— Eu não sou guarda-costas. Sou empregado de confiança dele.

— Tá, tudo bem. Mas e a riqueza de seu avô?

— Eu sei lá. Acho que meus tios perderam tudo. Gastaram tudo que meu avô deixou. Nunca souberam administrar nada, nem meu pai preservou alguma coisa. Nem sei se sobrou herança para alguém.

— Eu me lembro do nome de seu avô porque meus pais comentavam sobre ele, o coronel Servero Prates. Eles diziam que seu avô tentou acabar com a escolinha lá da fazenda onde trabalhavam.

— Você conheceu meu avô?

— Não, mas meu bisavô conviveu com ele. Meu bisavô veio da Itália, ainda criança, e trabalhou como colono em várias fazendas, incluindo em Cambará. Meu pai é muito agradecido a esse bisavô, porque foi ele que forçou meu avô a dar estudos para os filhos.

Como diz um velho ditado "Pai rico, filho nobre e neto pobre". Na sequência, as gerações empobrecidas deverão trabalhar, para que uma delas atinja um novo enriquecimento, e, chegando a essa nova condição, o ciclo se reinicia, e a riqueza rola morro abaixo. Ao longo do tempo em que as gerações se sucedem, o ciclo se repete infinitamente. É o Mito de Sísifo que não consegue colocar a pedra no topo da montanha ou é a espécie humana que não atinge sua realização ou sua felicidade, como um patrimônio universal.

Escola, estudar e educação não são as ferramentas imprescindível para a felicidade, a realização pessoal ou o progresso individual, coletivo ou da família, mas estão entre as mais importantes. Uma família, uma sociedade ou uma nação só terão um desenvolvimento humano se investirem na implementação dessas ferramentas, tomando-as como uma só, em sua totalidade, por mais cara, complexa e difícil que seja, sem contar o tempo necessário para que ela se complete, contado em gerações.

Nem sempre uma geração humana tem contato com sua geração filha ou com seus netos, raras são as que têm com seus bisnetos, sendo muito difícil aquela que conhece seus trinetos, menos ainda os tataranetos. O que se pode esperar quando pensamos em dezenas de gerações, tanto passadas, como futuras, num ciclo interminável de riqueza, nobreza e pobreza, acrescentando o poder, nesse enrolado de sonho e decepção?

A influência e o controle dos pais sobre os filhos podem ser muito grandes, esses podem ou não seguir os caminhos e ditames de seus progenitores. Mas e quando essa ação se estende sobre os netos? E sobre os bisnetos? Se mesmo fisicamente descendentes próximos são diferentes, sejam os olhos, o nariz, a boca, para não se estender muito sobre outros caracteres, mais ainda serão distintas as gerações mais distantes. Aparentemente as semelhanças se diluem no tempo. De repente, gerações e gerações lá na frente, surge um filho que não quer mais ficar na fazenda, dentro de uma família de trabalhadores e amantes da lavoura. Os outros vão considerá-lo um preguiçoso, um vagabundo, um comportamento que pode prejudicar a todos. Em um ambiente com capacidade de discussão, apoiada por uma escola responsável, vão descobrir que essa criança será um ótimo ferreiro. Nem a família se lembrará que tem um antepassado ferreiro, muito menos a escola o saberá, mas ele será encaminhado para a sua realização. Caso contrário, a criança, continuando preguiçosa, não se inserindo nas exigências da família, será um guarda-costas. Uma profissão também necessária, mas, sem formação escolar; será um profissional mais capacitado a pressionar o gatilho de uma arma do que a usar a palavra para resolver problemas que encontre em suas atividades.

— Este país é mesmo uma curva de rio. — disse o professor, voltando-se para a mesa em que se encontram seus colegas.

— Como assim? — perguntou um dos integrantes do grupo.

— O avô desse cidadão era dono de fazendas lá em Cambará lá pelos anos trinta. Meu pai conta que, quando criança, esse Servero Prates, diante de situação semelhante, ameaçava a administração da fazenda, querendo que fechassem a escolinha. Argumentava que ela só dava prejuízo, que filho de colono não precisava educação, nunca melhorariam na vida. Está aí, a família que desdenhou os estudos, perdeu tudo, e o neto regrediu. — respondeu o professor.

— Mas por que você diz que o país é uma curva de rio? — Quiseram saber os demais integrantes da roda à mesa.

— Você nunca percebeu o que acontece numa curva de rio? É onde um pedaço de galho não consegue fazer a curva, seguindo o fluxo da água, fica enroscado nos barrancos, atravessa na correnteza e segura tudo que é trazido pela vazante. Esses coronéis sempre tiveram medo de aceitar as melhorias para a população, seguraram o desenvolvimento da sociedade e impediram o crescimento do país. Contudo, a própria família ficou presa no tempo.

— Mas a água passa, e o rio continua. Quem fica na curva é a tranqueira. —argumentou, pensando, um da roda.

— Que são os coronéis, os donos do poder e os políticos. Se essa tranqueira é muita, pode estancar até a água. Ela se acumula, ganha peso e força, essa barragem uma hora arrebenta e desbanca a ignorância.

— Como o ciclo, lá na frente tem outra curva, se forma outra barragem, e a força da água uma hora vai suplantá-la. A gente só não pode desanimar. A água sempre chega ao oceano.

— Quando será que este país vai conseguir arrebentar esse carreador em que estamos metidos?